HARRAP'S

GUIDE DE CONVERSATION

Français-Italien

par
LEXUS
avec
Maria Luisa Lee

HARRAP

Édition publiée en France 1998
par Chambers Harrap Publishers Ltd
7 Hopetoun Crescent, Edinburgh EH7 4AY
Grande-Bretagne

ISBN 0245 50348 X

Réimprimé 1998 (deux fois), 2000, 2001

Dépôt légal : janvier 1998

Imprimeur : Clays Ltd, St Ives plc, Grande-Bretagne

PRONONCIATION

Le système de prononciation des phrases données en italien dans ce guide utilise la prononciation du français pour reproduire les sons de la langue italienne. Si vous lisez la prononciation de la même manière que les mots français, vous pourrez vous faire comprendre par un Italien.

és ou **ès** suivis d'une consonne se prononcent 'ésse' ou 'èsse'.

Lorsque dans un mot les doubles consonnes 'bb', 'll', 'mm' etc. sont présentes, elles se prononcent séparément comme, par exemple, dans 'un vol long', 'un nabab blond'.

Lorsque les voyelles ou les syllabes sont données en caractères gras, il faut les prononcer de manière plus accentuée.

salut
ciao
tchao

bonjour
buongiorno
bouone-djorno

bonsoir
buona sera
bouona séra

bonne nuit
buonanotte
bouonanoté

au revoir
arrivederci
arivédèrtchi

à bientôt
arrivederci
arivédèrtchi

à ce soir
a stasera
a stasséra

à demain
a domani
a domani

enchanté
piacere
piatchéré

voici ma femme/voici mes enfants
questa è mia moglie/questi sono i miei figli
couèsta è mia molié/couèsti sono i mié-i fìli

puis-je vous présenter... ?
le presento...?
lé prézène-to...?

oui
sì
si

non
no
no

un peu
un po'
oune po

beaucoup
molto
molto

oui, volontiers
sì grazie
si gratsié

non merci
no grazie
no gratsié

s'il vous plaît
per piacere
père piatchéré

merci
grazie
gratsié

merci beaucoup
molte grazie
molté gratsié

je vous en prie
prego
prégo

excusez-moi
mi scusi
mi scouzi

comment ?
come dice?
comé ditché?

comment allez-vous ?
come sta?
comé sta?

très bien, merci
benissimo, grazie
bénissimo, gratsié

ça peut aller
non c'è male
none tchè malé

et vous-même ?
e lei?
é lei?

pardon, Monsieur/Madame
scusi!
scouzi!

parlez-vous français ?
parla francese?
parla frane-tchézé?

pouvez-vous me dire/m'expliquer... ?
mi può dire/spiegare…?
mi pouo dirél spiégaré…?

c'est combien ?
quanto costa?
couane-to-costa?

je peux... ?
posso…?
posso…?

je voudrais un/une..
vorrei un/una…
voreille oune /ouna…

j'aimerais...
vorrei…
voreille…

où est... ?
dov'è...?
dovè...?

ce n'est pas...
non è...
none è...

est-ce que c'est... ?
è...?
è...?

y a-t-il... ici ?
c'è... qui?
tchè... coui?

pourriez-vous répéter ?
potrebbe ripetere?
potrèbé ripétéré?

pourriez-vous parler plus lentement ?
potrebbe parlare più lentamente?
potrèbé parlaré piou lèntamènté?

je ne comprends pas
non capisco
none capisco

voulez-vous... ?
vuole...?
vouolé...?

d'accord
va bene
va béné

pourquoi pas ?
perché no?
pèrké no?

quel dommage !
che peccato!
ké pécato!

allons-y !
su, andiamo!
sou, ane-diamo!

nous sommes en retard/en avance
siamo in ritardo/in anticipo
siamo ine ritardo /ine ane-titchipo

comment ça se dit en italien ?
come si dice in italiano?
comé si ditché ine italiano?

attendez-moi !
mi aspetti, per piacere!
mi aspèti, père piatchéré

ça va très bien
va bene!
va béné!

vous connaissez... ?
conosce...?
conoché...?

vous habitez ici ?
abita qui?
abita coui?

je suis français/française
sono francese
sono frane-tchézé

je viens de...
sono di...
sono di...

nous sommes en vacances
siamo in vacanza
siamo ine vacane-tsa

je m'appelle...
mi chiamo...
mi kiamo...

comment vous appelez-vous ?
come si chiama?
comé si kiama?

quel âge avez-vous ?
quanti anni ha?
couane-ti ani a?

j'ai vingt ans
ho vent'anni
o vèntani

que faites-vous dans la vie ?
che lavoro fa?
ké lavoro fa?

 VOUS VERREZ OU ENTENDREZ :

aperto	ouvert
chiuso	fermé
divieto di...	interdiction de...
donne	dames
entrata libera	entrée libre
non...	ne pas...
per piacere...	veuillez...
proibito	interdit
rifiuti	ordures
si prega di...	veuillez...
signore	dames
signori	hommes
spingere	pousser
tirare	tirer
uomini	hommes
vendesi	à vendre
vernice fresca	peinture fraîche
vietata l'affissione	défense d'afficher
vietato	interdit
vietato l'ingresso	entrée interdite

VOUS DIREZ :

aéroport	l'aeroporto *aéroporto*
avion	l'aeroplano *aéroplano*
bagages	il bagaglio *bagalio*
car	il pullman *poulmane*
couchette	la cuccetta *coutchéta*
docks	il porto *porto*
ferry	il traghetto *traguèto*
gare	la stazione *statsioné*
port	il porto *porto*
porte (d'un aéroport)	il cancello *cane-tchélo*
réserver	prenotare *prénotaré*
taxi	un taxi *taxi*
terminal	il terminale *tèrminalé*
train	il treno *tréno*

un billet pour...
un biglietto per...
oune biliéto père...

j'ai réservé mon billet par téléphone
ho prenotato il biglietto per telefono
o prénotato il biliéto père tèléfono

je voudrais réserver une place
vorrei prenotare un posto
voreille prénotaré oune posto

fumeurs/non-fumeurs, s'il vous plaît
fumatori/non fumatori, per piacere
foumatori/none foumatori, père piatchéré

une place près de la fenêtre, s'il vous plaît
un posto vicino al finestrino, per piacere
oune posto vitchino al finèstrino, père piatchéré

de quel quai part le train pour... ?
da quale binario parte il treno per...?
da coualé binario parté il tréno père...?

à quelle heure part le prochain vol ?
a che ora parte il prossimo volo?
a ké ora parté il prossimo volo?

c'est bien le train pour... ?
è questo il treno per…?
è couèsto il tréno père…?

cet autobus va-t-il à... ?
questo autobus va a…?
couèsto aoutobousse va a…?

cette place est libre ?
è libero questo posto?
è libèro couèsto posto?

est-ce que je dois changer (de train) ?
devo cambiare (treno)?
dévo came-biaré (tréno)?

à quelle heure le prochain départ est-il prévu ?
a che ora parte il prossimo?
a ké ora parté il prossimo?

c'est bien l'arrêt pour... ?
è questa la fermata per…?
è couèsta la fermata père…?

c'est quel terminal pour... ?
qual è il terminale per…?
coual è il tèrminalé père…?

c'est bien d'ici que part la navette pour...?
parte da qui la navetta per…?
parté da coui la navéta père…?

pardon madame, où est l'enregistrement des bagages pour Alitalia?
scusi signora, dove si fa il check-in per l'Alitalia?
scouzi siniora, dové si fa il tchèkine père lalitalia?

à quelle heure embarque-t-on ?
a che ora è l'imbarco?
a ké ora è l'ime-barco?

ce billet est-il valable ?
è valido questo biglietto?
è valido couèsto bilièto?

je voudrais changer mon billet
vorrei cambiare il biglietto
voreille came-biaré il bilièto

j'ai raté mon train
ho perso il treno
o pèrso il tréno

merci pour votre hospitalité
grazie per la vostra ospitalità
gratsié père la vostra ospitalita

c'est vraiment gentil d'être venu me chercher
grazie per essermi venuto incontro
gratsié père èssèrmi vènouto ine-cone-tro

🔍 📢 **VOUS VERREZ OU ENTENDREZ :**

allacciare le cinture di sicurezza	attachez vos ceintures
arrivi	arrivées
bagaglio a mano	bagages à main
biglietti	billets
binario	quai
coincidenza	correspondance
controllo passaporti	contrôle des passeports
dogana	douane
entrata	entrée
fumatori	fumeurs
galleria	tunnel
imbarco immediato	embarquement immédiat
non fumatori	non-fumeurs
partenze	départs
prenotazione obbligatoria	réservation obligatoire
ritardo	retard

↪

ritiro bagagli	réclamation des bagages
sala d'attesa	salle d'attente
stazione ferroviaria	gare
tenere la destra	serrer à droite
timbrare il biglietto	compostez votre billet
nella macchina	dans la machine
uscita	sortie, porte

niente da dichiarare?
niènté da dikiararé?
avez-vous quelque chose à déclarer ?

le spiace aprire la borsa?
lé spiatché apriré la borsa?
ouvrez votre valise, s'il vous plaît

vuoti le tasche, per favore
vouoti lé taské, père favoré
videz vos poches, s'il vous plaît

 DIALOGUE :

questo è il suo bagaglio?
couèsto è il souo bagalio?
ce sont bien vos bagages ?

> **oui**
> sì
> *si*

ha fatto lei stesso la valigia?
a fato leï stésso la validja?
est-ce que vous avez fait vos bagages vous-même ?

> **oui**
> sì
> *si*

contiene apparecchi elettrici o a pile?
cone-tiéné apparéki élétritchi o a pilé?
est-ce que vous transportez des appareils électriques ?

> **oui, mon rasoir**
> sì, un rasoio
> *si, oune razoillo*

le dispiace accenderlo?
lé dispiatché atchêne-dèrlo?
est-ce que vous pouvez l'allumer ?

 DIALOGUE :

ha dei bagagli da registrare?
a déi bagali da rédjistraré?
avez-vous des bagages à enregistrer ?

> **des bagages à main uniquement**
> solo bagaglio a mano
> *solo bagalio a mano*
>
> **ces valises**
> queste valige
> *couèsté validjé*

vuole un posto accanto al finestrino o al corridoio?
vouolé oune posto acane-to al finèstrino o al coridoillo?
préférez-vous une place côté hublot ou côté couloir ?

fumatori o non fumatori?
foumatori o none foumatori?
fumeurs ou non-fumeurs ?

LE LOGEMENT

VOUS DIREZ :

auberge de jeunesse	un ostello della gioventù *ostélo déla djovèntou*
avec salle de bain	con bagno *cone banio*
balcon	un balcone *balconé*
chambre	una camera *camèra*
chambre pour deux	una camera doppia *camèra dopia*
chambre pour une personne	una camera singola *camèra sine-gola*
clé	la chiave *kiavé*
déjeuner	il pranzo *prane-dso*
dîner	la cena *tchéna*
douche	una doccia *dotcha*
hôtel	un albergo *albèrgo*
lit	un letto *lèto*
lit d'enfant	un lettino *létino*
nuit	una notte *noté*
pension	la pensione *pènsioné*
petit déjeuner	la prima colazione *prima colatsioné*
réception	la ricezione *ritchètsioné*
salle à manger	la sala da pranzo *sala da prane-dso*
salle de bain particulière	un bagno privato *banio privato*

je voudrais une chambre pour la nuit
vorrei una camera per stanotte
voreille ouna camèra père stanoté

je voudrais une chambre pour une personne
vorrei una camera per una persona
voreille ouna camèra père ouna pèrsona

je voudrais une chambre pour deux personnes
vorrei una camera per due
voreille ouna camèra père doué

j'ai réservé une chambre
ho prenotato una camera
o prénotato ouna camèra

nous aimerions louer une chambre pour une semaine
vorremmo affittare una camera per una settimana
vorémo afitaré ouna camèra père ouna sètimana

connaissez-vous des maisons à louer dans la région ?
sa se ci sono case in affitto nella zona?
sa sé tchi sono cazé ine afíto nèla tsona?

je cherche une chambre pas chère mais qui soit correcte
vorrei una camera bella e a buon mercato
voreille ouna camèra bèla é a bouone mèrcato

quel est le prix de la chambre ?
quanto costa la camera?
couane-to costa la camèra?

auriez-vous deux chambres au même étage ?
avreste due camere allo stesso piano?
avrèsté doué camèrè allo stesso piano?

est-ce que le petit déjeuner est inclus dans le prix ?
la prima colazione è compresa nel prezzo?
la prima colatsioné è come-préza nel prètso?

une chambre avec vue sur la mer
una camera con la vista sul mare
ouna camèra cone la vista soule maré

nous arriverons tard le soir
arriveremo la sera tardi
arivèrémo la séra tardi

j'aimerais changer de chambre, la mienne est trop bruyante
vorrei cambiare camera, la mia è troppo rumorosa
voreille came-biaré camèra, la mia è tropo roumoroza

nous aimerions rester encore une nuit
vorremmo restare ancora una notte
vorémo ròstaré ane-cora ouna noté

je voudrais la clé de la chambre 210, s'il vous plaît
vorrei la chiave della camera 210, per favore
voreïlle la kiavé dèla camèra douétchènto-diétchi, père favoré

vous pouvez faire la chambre maintenant
ora può rifare la camera
ora pouo rifaré la camèra

pouvez-vous me donner deux serviettes de bain supplémentaires ?
può darmi altri due asciugamani?
pouo darmi altri achougamani?

nous partons demain
partiamo domani
partiamo domani

à quelle heure devons-nous libérer la chambre ?
a che ora dobbiamo lasciare la camera?
a ké ora dobiamo lacharé la camèra?

pourriez-vous préparer ma note, s'il vous plaît ?
potreste preparare il mio conto, per piacere?
potrèsté prépararé il mio cone-to, père piatchéré?

je vais payer en liquide
pago in contanti
pago ine cone-tane-ti

vous acceptez les cartes de crédit ?
accettate le carte di credito?
atchètaté lé carté di crédito?

pouvez-vous me réveiller à 6 heures 30 demain matin ?
potete svegliarmi alle 6.30 domani mattina?
potété svèliarmi alé séï é mèdza domani matina?

à quelle heure servez-vous le petit déjeuner/ dîner ?
a che ora servite la prima colazione/la cena?
a ké ora sèrvité la prima colatsioné/la tchéna?

est-ce que nous pouvons prendre le petit déjeuner dans notre chambre ?
possiamo fare la prima colazione in camera?
possiamo faré la prima colatsioné ine camèra?

merci de nous avoir hébergés
grazie dell'ospitalità
gratsié dèlospitalita

  VOUS VERREZ OU ENTENDREZ :

1° piano	premier étage
2° piano	deuxième étage
albergo della gioventù	auberge de jeunesse
ascensore	ascenseur
bagno	salle de bain
camere da affittare	chambres à louer
completo	complet
doccia	douche
mezza pensione	demi-pension
parcheggio riservato ai clienti dell'albergo	parking réservé aux clients de l'hôtel
pensione	pension
piano	étage
pianterreno	rez-de-chaussée
sala da pranzo	salle à manger
si prega di lasciare libera la camera prima di mezzogiorno	veuillez libérer la chambre avant midi
si prega di non disturbare	prière de ne pas déranger
sotterraneo	sous-sol
uscita di sicurezza	issue de secours

DIALOGUE :

bonsoir, est-ce qu'il vous reste des chambres ?
buona sera, avete delle camere?
bouona séra, avété dèlé camèré?

sì signore, abbiamo una camera doppia
si sinioré, abiamo ouna camèra dopia
mais oui monsieur, nous avons une chambre double

serait-il possible de voir la chambre ?
è possibile vedere la camera?
è possibilé védéré la camèra?

très bien, je la prends, pour une nuit
va bene, la prendo, per una notte
va béné, la prène-do, père ouna noté

VOUS DIREZ :

addition	il conto *cone-to*
boire	bere *bèré*
dessert	il dolce *doltché*
entrée	il primo piatto *primo piato*
garçon	il cameriere *camèriéré*
manger	mangiare *mane-djaré*
menu	il menù *ménou*
nourriture	i cibi *tchibi*
plat principal	il secondo piatto *sècone-do piato*
pourboire	la mancia *mane-tcha*
restaurant	il ristorante *ristorane-té*
salade	un'insalata *ine-salata*
serveuse	la cameriera *camèriéra*
service	il servizio *sèrvitsio*

et si on allait au resto ce soir ?
si va a cena fuori stasera?
si va a tchéna fouori stasséra?

une table pour trois, s'il vous plaît
un tavolo per tre, per piacere
oune tavolo père tré, père piatchéré

j'ai réservé une table au nom de M. Boudon
ho prenotato un tavolo a nome Boudon
o prénotato oune tavolo a nomé boudon

je voudrais voir le menu
vorrei vedere il menù
voreille vèdéré il ménou

nous aimerions commander
vorremmo ordinare
vorémo ordinaré

qu'est-ce que vous recommandez ?
che cosa consiglia?
ké coza cone-silia?

je voudrais..., s'il vous plaît
vorrei... per piacere
voreille... père piatchéré

garçon !
cameriere!
camèriéré!

mademoiselle !
cameriera!
camèriéra!

c'est pour moi
quello è per me
couèlo è père mé

encore un peu de pain, s'il vous plaît
dell'altro pane, per piacere
dèlaltro pané, père piatchéré

une bouteille de rouge/blanc maison, s'il vous plaît
una bottiglia di vino rosso/bianco della casa, per favore
ouna botilia di vino rosso/biane-co dèla caza, père favoré

pourrions-nous avoir une autre carafe d'eau ?
ci può portare un'altra caraffa d'acqua?
tchi pouo portaré ounaltra carafa d'acoua?

qu'est-ce que vous avez comme desserts ?
cosa avete come dolci?
coza avété comé doltchi?

deux crèmes, s'il vous plaît
due caffè con latte, per piacere
doué cafè cone laté, père piatchéré

c'était délicieux
era buonissimo
èra bouonissimo

l'addition, s'il vous plaît
il conto, per piacere
il cone-to, père piatchéré

l'addition n'est pas correcte
c'è un errore nel conto
tché oune éroré nel cone-to

le service est-il compris ?
il servizio è compreso?
il servitsio è come-prézo?

acceptez-vous la Carte bleue® ?
accettate la Visa?
atchètaté la visa?

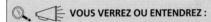

VOUS VERREZ OU ENTENDREZ :

albergo	auberge
donne	dames
menù del giorno	menu du jour
menù fisso a 10.000 lire	menu à 10.000 lires
piatti da portar via/da asportarsi	plats à emporter
servizio (non) compreso	service (non) compris
tavola calda	brasserie
trattoria	restaurant
uomini	hommes

---

quanti siete?
couane-ti siété?
combien êtes-vous ?

avete prenotato?
avété prénotato?
avez-vous réservé ?

fumatori/non fumatori?
foumatori/none foumatori?
fumeurs/non-fumeurs ?

volete ordinare?
volété ordinaré?
avez-vous choisi ?

è tutto a posto?
è touto a posto?
cela vous convient ?

avete mangiato bene?
avété mane-djato béné?
vous avez bien mangé ?

volete un dolce?
volété oune doltché?
voulez-vous un dessert ?

 DIALOGUE :

allo, bonjour, j'aimerais réserver une table pour deux personnes
pronto, buongiorno, vorrei prenotare un tavolo per due
prone-to, bouone-djorno, voreille prénotaré oune tavolo père doué

certo, signora, per che ora?
tchèrto, siniora, père ké ora?
certainement madame, pour quelle heure ?

vers les huit heures
verso le otto
vèrso lé oto

benissimo, a che nome?
bénissimo, a ké nomé?
aucun problème, c'est à quel nom ?

Voir l'alphabet à la page 80

(voir aussi le dictionnaire)

abbacchio alla romana agneau blanc
acciughe anchois
aceto vinaigre
acqua minerale gassata eau minérale gazeuse
acqua minerale non gassata eau minérale
acqua naturale eau minérale ou du robinet
affettato misto charcuterie (salami, jambon, etc.)
aglio ail
agnello agneau
agnello al forno agneau rôti
albicocche abricots
anatra canard
anguria pastèque
antipasti hors-d'œuvre
antipasti misti hors-d'œuvre variés
aperitivo apéritif
aragosta homard
arancia orange
arrosto di tacchino rôti de dindonneau
arrosto di vitello rôti de veau
asparagi asperges

basilico basilic
besciamella béchamel
bignè chou à la crème
bistecca (di manzo) bifteck
bistecca ai ferri steak au grill
bollito misto assortiment de viandes bouillies,
    accompagné de légumes
bombolone beignet
brasato bœuf braisé
brioche croissant
brodo bouillon
brodo di pollo bouillon de poulet
brodo vegetale bouillon de légumes
bruschetta alla romana pain grillé frotté à l'ail et à
    l'huile d'olive
budino flan

caciotta fromage crémeux, blanc, à pâte tendre

calamaro calmar

calzone pizza en chausson garnie de tomate, de
 mozzarelle ou de ricotta et de jambon, ou d'autres
 garnitures

cannelloni al forno cannelloni au four

cannoli alla siciliana petits rouleaux de pâte, fourrés
 de ricotta et de fruits confits

cantuccini biscuits aux amandes

cappelletti petites pâtes fourrées en forme de
 croissant

capperi câpres

capretto al forno chevreau rôti

carciofini sott'olio petits artichauts à l'huile

carciofo artichaut

carote carottes

carpaccio fines tranches de bœuf cru assaisonné
 d'huile, de jus de citron et de parmesan râpé

cassata siciliana cassate aux fruits confits, au
 chocolat et à la ricotta, typique de la Sicile

castagnaccio alla toscana tarte toscanne à la farine
 de châtaigne

castagne châtaignes

cavoletti di Bruxelles choux de Bruxelles

cavolfiore chou-fleur

cavolo chou

ceci pois chiches

cetrioli concombres

chiacchiere pâte sucrée frite au saindoux et
 saupoudrée de sucre en poudre

ciambella gâteau en forme de couronne

cicoria chicorée

ciliege cerises

cioccolata chocolat

cioccolata al latte chocolat au lait

cioccolata fondente chocolat à croquer

cipolle oignons

cocktail di gamberetti cocktail de crevettes

colomba pasquale gâteau de Pâques aux fruits
 confits, en forme de colombe

coniglio arrosto lapin rôti

coniglio in salmì salmis de lapin

cono gelato cornet de crème glacée
contorni légumes
coperto service compris
coppa cou de porc fumé, servi froid en tranches fines
cornetto croissant
costata alla fiorentina côte de bœuf
cotechino saucisse de porc épicée, et habituellement bouillie
cotoletta ai ferri côte de veau grillée
cotoletta alla milanese côte de veau panée
cotoletta alla valdostana côte de veau cordon bleu
cozze alla marinara moules marinière
crema al caffè/al cioccolato crème au café/au chocolat
crema di funghi velouté de champignons
crema pasticciera crème pâtissière
crespelle crêpes salées
crocchette di patate croquettes de pommes de terre
crocchette di riso croquettes de riz
crostata di frutta tarte aux fruits
crostini toscani pâté de foie servi sur du pain grillé

datteri dattes
dentice al forno daurade au four
dolci desserts, gâteaux, etc.

fagiano faisan
fagioli haricots
fagiolini flageolets
fegatini di pollo foies de volaille
fegato foie
fegato all veneta (cotto al burro con cipolle) foie sauté dans du beurre et des oignons
ferri: ai ferri grillé
fetta biscottata biscottes
fettuccine pâtes en forme de ruban
fichi figues
filetto ai ferri filet de bœuf grillé
filetto al pepe verde filet de bœuf au poivre vert
filetto al sangue filet de bœuf saignant
filone (di pane) pain de forme allongée

finocchio fenouil

fiori di zucca fritti fleurs de citrouille frites

focaccia sorte de pain plat, frotté d'huile d'olive et cuit au four ou grillé

fonduta (al formaggio con latte e uova) fondue (au fromage avec du lait et des œufs)

fontina fromage mou et fort, souvent utilisé pour cuisiner

formaggi misti plateau de fromages

fragole fraises

frappé lait frappé

frittata omelette

frittata al formaggio omelette au fromage

frittata alle verdure omelette aux légumes

frittata al prosciutto omelette au jambon

fritto misto mare beignets de fruits de mer

frutta fresca di stagione fruits de saison

frutta secca fruits secs

frutti di mare fruits de mer

funghi champignons

funghi porcini cèpes

funghi trifolati champignons sautés avec de l'ail et du persil

gamberetti crevettes

gamberi langoustines

gamberoni grosses crevettes

gelatina gélatine

gelato glace

ghiacciolo glace à l'eau

gnocchi alla romana gnocchi au four

gnocchi al ragù gnocchi servis avec une sauce à la tomate et à la viande

grancevola araignée de mer

granita boisson avec de la glace pilée

granita di caffè boisson au café avec de la glace pilée

grigliata mista assortiment de viandes ou poissons grillés

grissini genre de biscotte en forme de bâtonnet

indivia endive

insalata salade
insalata caprese salade de tomates en tranches, de mozzarelle et d'origan
insalata di pesce salade de poissons
insalata di riso salade de riz
insalata russa salade russe
insalata verde salade verte

lamponi framboises
lasagne al forno lasagne
lattuga laitue
legumi légumes secs; lentilles, haricots, etc.
lenticchie lentilles
lepre lièvre
limone citron
lingua langue
lingua salmistrata langue en gelée

macedonia di frutta macédoine de fruits
maiale porc
maionese mayonnaise
mandarino mandarine
mandorle amandes
manzo bœuf
marmellata confiture
marroni châtaignes
marzapane pâté d'amandes
mascarpone crème fraîche épaisse
mela pomme
melanzane aubergines
melone melon
meringhe con panna meringues avec de la Chantilly
merluzzo morue
millefoglie mille-feuilles
minestra di verdure soupe de légumes
minestra in brodo soupe avec des pâtes
minestrone soupe de légumes en morceaux et de riz ou de petites pâtes
mortadella mortadelle
mozzarella in carrozza tranches de pain et de mozzarelle panées et frites

nasello colin
nocciole noisettes
noci noix
nodino (di vitello, con l'osso) côte de veau

olio d'oliva huile d'olive
omelette ai funghi omelette aux champignons
omelette al formaggio omelette au fromage
orata al forno daurade au four
orecchiette al sugo (di pomodoro) petites pâtes à la
  sauce tomate
ossobuco osso-buco
ostriche huîtres

paglia e fieno mélange de tagliatelles nature et aux
  épinards
pagnotta miche de pain
paillard di manzo o vitello tranches de bœuf ou de
  veau grillées
pancetta lard
pancotto soupe à base de pain rassi, de tomates, etc.
pandoro sorte de génoise servie à Noël
pane pain
pane e coperto service et pain compris
panettone gâteau aux raisins secs et fruits confits, en
  forme de dome, servi à Noël
panforte sorte de nougat aux épices, typique de la
  ville de Sienne
panini sorte de sandwiches, servis chauds
panna cotta sorte d'entremet sucré à base de crème
  fraîche et de gélatine, typique de la Toscane
parmigiana di melanzane gratin d'aubergines,
  sauce tomate, mozzarelle et parmesan
parmigiano reggiano Parmesan
pasta pâtes; gâteau; pâte (brisée, sablée, etc.)
pasta al forno pâtes dans une sauce blanche
  gratinées au four
pasta e fagioli soupe très épaisse aux haricots mixés
  et avec de petites pâtes
pasticcino petits gâteaux
patate pommes de terre

patatine chips
patatine fritte frites
penne genre de macaronis
penne all'arrabbiata penne dans une sauce à la tomate et aux piments
pepe poivre
peperonata poivrons et oignons à la sauce tomate
peperoncino piment
peperoni poivrons
pera poire
pesca pêche
pesce poisson
pesce al cartoccio poisson aux herbes en papillote
pesce in carpione poisson mariné
pesce persico perche
pesto assaisonnement à base de basilic, d'huile d'olive, de parmesan et de pignons
pinoli pignons
piselli petits pois
piselli al prosciutto petits pois frais cuits dans du bouillon, avec du beurre, du jambon et du basilic
pizza capricciosa pizza avec tomate, jambon, champignons et artichaut
pizza Margherita pizza avec tomate, mozzarelle et basilic
pizza napoletana pizza avec tomate, mozzarelle et anchois
pizza quattro stagioni pizza avec tomate, mozzarelle, jambon, champignons et petits artichauts
pizzaiola morceaux de bœuf à la sauce tomate avec de l'origan et des anchois
polenta bouillie de farine de maïs cuite au four
pollo poulet
polla alla diavola escalope de poulet frite
pollo alla cacciatora poulet sauce chasseur
polpette boulettes de viande
polpettone sorte de pain de viande hachée, servi froid accompagné d'une sauce à l'ail, au persil et à l'huile
pomodori tomates
pompelmo pamplemousse
porchetta cochon de lait rôti

porri poireaux
prezzemolo persil
primi piatti entrées
prosciutto jambon
prosciutto cotto jambon cuit
prosciutto crudo/di Parma jambon cru/de Parme
purè di patate purée de pommes de terre

radicchio variété de chicorée
ragù sauce avec de la viande hachée, des tomates et des légumes
rapanelli radis
ravioli pâtes aux œufs fourrés à la viande ou au fromage
razza raie
ribollita soupe de légumes accompagnée de pain fait maison, typique de la Toscane
ricotta sorte de fromage blanc à gros grains
rigatoni pâtes en forme de tube
risi e bisi risotto aux petits pois et au jambon coupé en petits morceaux
riso riz
risotto alla milanese (allo zafferano) risotto au safran
rosmarino romarin
rucola roquette *(salade)*

salame salami
salmone affumicato saumon fumé
salsa di pomodoro sauce tomate
salsa verde sauce accompagnant la viande avec du persil et de l'huile
saltimbocca alla romana paupiettes de veau farcies au jambon et à la sauge
salvia sauge
sangue: al sangue saignant
scaloppine escalopes de veau
scaloppine al Marsala escalopes de veau au Marsala
sedano di Verona céleri de Vérone
selvaggina venaison
semifreddo génoise avec de la glace

senape moutarde
seppie in umido ragoût de calmars
sogliola sole
sogliola alla mugnaia sole frite au beurre
sorbetto sorbet; crème glacée molle
sottaceti cornichons, oignons, etc. au vinaigre
spaghetti alla carbonara spaghetti carbonara (œuf, lardons, crème et parmesan)
spaghetti alla matriciana spaghetti à la sauce tomate et à la viande de porc hachée
spaghetti alla puttanesca spaghettis aux anchois, câpres et olives noires dans une sauce tomate
spaghetti alle vongole spaghetti avec des palourdes
spaghetti al pesto spaghettis assaisonnés de basilic haché, d'ail, d'huile et de parmesan
speck sorte de jambon cru et fumé
spezzatino di vitello ragoût de veau
spiedini brochettes de viande ou de poisson
spinaci épinards
stracchino fromage à pâte molle de Lombardie
stracciatella crème à la vanille et aux pépites de chocolat; bouillon où sont pochés des œufs battus
stufato ragoût de viande
succo di frutta jus de fruits
sugo sauce
svizzera hamburger

tagliatelle al basilico tagliatelles au basilic
tagliolini soupe de fines pâtes aux œufs
taleggio fromage très crémeux, doux ou moyennement fort, du nord de l'Italie
tartufo glace recouverte de chocolat
tiramisu génoise imbibée de café avec une crème anglaise au Marsala saupoudrée de chocolat
torrone sorte de nougat
torta tarte
torta della nonna tarte à la crème et aux pignons
tortellini petits raviolis farcis avec du porc, du jambon, du parmesan et de la noix de muscade
trenette col pesto spaghettis plats au pesto (basilic, ail, huile et parmesan)
triglia rouget

trippa tripe
trota truite

umido en ragoût
uova œufs
uovo alla coque œuf à la coque
uovo sodo œuf dur
uva raisin

verdure légumes
vitello veau
vongole palourdes

würstel saucisse de Francfort

zabaione sabayon *(sorte de crème à base de vin, de sucre et de jaunes d'œuf)*
zafferano safran
zampone con lenticchie jarret de porc aux lentilles
zucca potiron
zucchine courgettes
zucchine ripiene (di carne) courgettes farcies (à la viande)
zuccotto gâteau composé d'une génoise, de crème glacée, de crème fraîche et de chocolat
zuppa soupe
zuppa di cipolle soupe à l'oignon
zuppa di pesce soupe de poissons
zuppa inglese diplomate

💬 **VOUS DIREZ :**

bar	un bar *bar*
bière	una birra *bira*
bière blonde	una birra chiara *bira kiara*
bière pression	una birra alla spina *bira ala spina*
bistro	un bar *bar*
blanc	bianco *biane-co*
coca®	una coca *coca*
demi	una birra piccola *bira picola*
doux	dolce *doltché*
gin-tonic	un gin-tonic *djine-tonic*
glace	il ghiaccio *guiatcho*
jus d'orange	un succo d'arancia *sougo darane-tcha*
limonade	una gazzosa *gadzoza*
rouge	rosso *rosso*
sec	secco *séco*
(sans glace)	liscio *licho*
vin	il vino *vino*
vodka	la vodka *vodka*
whisky	un whisky *ouiski*

on va boire un pot ?
andiamo a bere qualcosa?
ane-diamo a béré coualcoza?

une bière, s'il vous plaît
una birra, per piacere
ouna bira, père piatchéré

deux bières, s'il vous plaît
due birre, per piacere
doué biré, père piatchéré

un verre de rouge/blanc
un bicchiere di vino rosso/bianco
oune bikiéré di vino rosso/biane-co

avec beaucoup de glace
con molto ghiaccio
cone molto guiatcho

sans glace, s'il vous plaît
senza ghiaccio, per piacere
sèntsa guiatcho, père piatchéré

remettez-moi ça
me ne dà un altro?
mé né da oune altro?

la même chose, s'il vous plaît
lo stesso, per piacere
lo stèsso, père piatchéré

est-ce que vous servez à manger ?
servite da mangiare?
sèrvité da mane-djaré?

jusqu'à quelle heure êtes-vous ouvert ?
fino a che ora siete aperti?
fíno a ké ora siété apèrti?

qu'est-ce que tu prends ?
cosa prendi?
coza prèndi?

c'est ma tournée
tocca a me
toca a mé

pas pour moi, merci
non per me, grazie
none père mé, gratsié

il est complètement bourré
è completamente sbronzo
è come-plètamènté sbrontso

santé !
alla salute!
ala salouté!

allons nous asseoir en terrasse
sediamoci fuori
sédiamotchi fouori

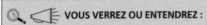 **VOUS VERREZ OU ENTENDREZ :**

birra alla spina	pression
birra chiara	bière blonde
birra piccola	demi
birra scura	bière brune
caffè	café noir
caffè con panna	petit crème
caffellatte	grand crème
listino prezzi	tarif des consommations
tavola calda	brasserie
vino bianco/rosso	vin blanc/rouge

 DIALOGUE :

je peux vous offrir un verre ?
posso offrirle qualcosa da bere?
posso ofrirlé coualcoza da béré?

sì, grazie
si gratsié
oui, avec plaisir

qu'est-ce que vous prenez ?
cosa prende?
coza prène-dé?

un'altra vodka orange
ounaltra vodka orèndje
la même chose, une vodka orange

(i) SCONTRINO

*N'oubliez pas de retirer votre **scontrino** (reçu) à la caisse, sans lequel vous ne serez peut-être pas servi. La phrase **si prega di ritirare lo scontrino alla cassa** vous indiquera que vous en avez besoin.*

QUELQUES EXPRESSIONS FAMILIERES

 VOUS DIREZ :

bourré	sbronzo *sbrontso*
cinglé	uno svitato *svitato*
crétin	un cretino *crétino*
dingue	matto *mato*
fric	il quattrini *couatrìni*
imbécile	un imbecille *ime-bétchìlé*
mec	un tizio *tìtsio*
merde	merda *mèrda*
nana	una ragazza *ragatsa*
salaud	bastardo *bastardo*

super !
benissimo!
bénìssimo!

quelle horreur !
che cosa orrenda!
ké coza orènda!

ferme-la !
taci!
tatchi!

va te faire voir !
va' a quel paese!
va a couèl paèzé!

je suis complètement crevé
sono distrutto
sono distrouto

j'en ai marre
sono stufo
sono stoufo

j'en ai ras le bol de...
ne ho piene le scatole di...
né o piéné lé scatolé di...

tire-toi !
vattene!
vaténé!

non mais ça va pas, la tête ?
ti ha dato di volta il cervello?
ti a dato di volta il cèrvélo?

vous plaisantez !
voi scherzare!
voï skèrtsaré!

ça vaut rien
è una schifezza
è ouna skifétsa

c'est du vol
è una rapina
è ouna rapina

c'est vraiment embêtant
è una seccatura!
è ouna sèkcatoura!

c'est vraiment génial
è fantastico!
è fane-tastico!

pas mal, la nana/le mec
non male la ragazza/il ragazzo
none malé la ragatsa/il ragatso

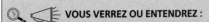

VOUS VERREZ OU ENTENDREZ :

accidenti!	ça alors !
benissimo!	super !
bidonata	déception
catorcio	bagnole
ecco!	c'est ça !
guidatore della domenica!	chauffeur du dimanche !
imbecille!	imbécile !
ma va'!	non ! sans blague !
mamma mia!	mon Dieu !
va' all'inferno!	va te faire voir ailleurs !
va bene!	ça va !

LES TRANSPORTS

💬 VOUS DIREZ :

aller-retour	una andata e ritorno *andata é ritorno*
aller simple	una sola andata *sola andata*
arrêt de bus	la fermata dell'autobus *fermata dèlaoutobousse*
autobus	l'autobus *aoutobousse*
billet	un biglietto *biliéto*
carte	una carta *carta*
carte d'abonnement	l'abbonamento *abonamène-to*
changer	cambiare *came-biaré*
essence	la benzina *bèntsina*
faire du stop	fare l'autostop *faré laoutostope*
garage	un'autorimessa *aoutorimèssa*
gare	la stazione *statsioné*
métro	la metropolitana *mètropolitana*
mobylette	un motorino *motorino*
moto	una moto *moto*
station de métro	una fermata della metropolitana *fermata dèla métropolitana*
taxi	un taxi *taxi*
ticket	un biglietto *biliéto*
train	il treno *tréno*
vélo	una bici *bitchi*
voiture	una macchina *makina*

EN VOITURE

je vais à...
vado a...
vado a...

je voudrais prendre l'autoroute
voglio prendere l'autostrada
volio prène-déré l'aoutostrada

je cherche un parking
cerco un posteggio
tchèrco oune postédjo

nous visitons la région
stiamo visitando la zona
stiamo vizitando la dsona

je ne suis pas d'ici
non sono di qui
none sono di coui

est-ce sur mon chemin ?
è sulla strada?
è soula strada?

est-ce que je peux descendre ici ?
mi fa scendere qui?
mi fa chèndéré coui?

merci de m'avoir emmené
grazie del passaggio
gratsié del passadjo

où se trouve la station-service la plus proche ?
dov'è il distributore di benzina più vicino?
dovè il distriboutoré di bèntsina piou vitchino?

j'ai besoin d'un pneu neuf
ho bisogno di una gomma nuova
o bizonio di ouna goma nouova

est-ce qu'il y a un garage près d'ici ?
c'è un meccanico qui vicino?
tchè oune mécanico coui vitchino?

le moteur chauffe
il motore surriscalda
il motoré souriscalda

les freins ne marchent pas bien
i freni non funzionano molto bene
i fréni none fountsionano molto béné

 **DIALOGUE :**

comment va-t-on à... ?
come arrivo a...?
come arivo a...?

> **tutto diritto**
> *touto dirito*
> tout droit

> **volti a sinistra/destra**
> *volti a sinistra/dèstra*
> tournez à gauche/droite

> **è quell'edificio là**
> *è couèlédifitcho la*
> c'est ce bâtiment-là

> **deve tornare indietro di là**
> *dévé tornaré indiètro di la*
> il faut revenir sur vos pas

> **prima/seconda/terza a sinistra**
> *prima/sècone-da/tèrtsa a sinistra*
> première/deuxième/troisième à gauche

 DIALOGUE :

> **bonjour madame, j'aimerais louer une voiture**
> buongiorno signora, vorrei affittare una macchina
> *bouone-djorno siniora, voreille afitaré ouna makina*

che tipo?
ké tipo?
dans quelle catégorie ?

➔

combien coûte la moins chère ?
quant'è il meno caro?
couane-tè il méno caro?

combien ça coûte par jour ?
quanto costa al giorno?
couane-to costa al djorno?

est-ce que je pourrais en louer une pour trois jours ?
posso noleggiarne una per tre giorni?
posso nolédjarné ouna père tré djorni?

certamente, mi fa vedere la patente?
tchèrtamènté, mi fa védéré la patène-té?
pas de problème, pourrais-je voir votre permis de conduire ?

come vuole pagare?
comé vouolé pagaré?
vous payez comment ?

quand dois-je ramener la voiture ?
quando devo riportare la macchina?
couane-do dévo riportaré la makina?

EN TAXI

pourriez-vous m'appeler un taxi, s'il vous plaît ?
mi può chiamare un taxi, per piacere?
mi pouo kiamaré oune taxi, père piatchéré?

est-ce que vous êtes libre ?
è libero?
è libéro?

combien est-ce que ça me coûtera pour aller à la gare ?
quanto viene a costare fino alla stazione?
couane-to viéné a costaré fino ala statsioné?

vous pouvez me déposer ici
mi può lasciare qui
mi puoo lachiaré coui

EN TRAIN

deux aller-retour pour..., s'il vous plaît
due andata e ritorno per... per piacere
doué ane-data é ritorno père... père piatchéré

à quelle heure part le dernier train ?
a che ora parte l'ultimo treno?
a ké ora parté loultimo tréno?

nous voulons partir demain et revenir après-demain
vogliamo partire domani e tornare dopodomani
voliamo partiré domani é tornaré dopodomani

nous reviendrons dans la journée
torneremo in giornata
tornèrémo ine djornata

c'est bien le quai pour aller à... ?
è il binario giusto per...?
è il binario djousto père...?

c'est bien le train pour... ?
è questo il treno che va a...?
è couèst il tréno ké va a...?

où sommes-nous ?
dove siamo?
dové siamo?

où est-ce que je dois descendre pour aller à... ?
dove devo scendere per andare a...?
dové dévo chèndéré père ane-daré a...?

est-ce qu'il y a des billets forfaitaires ?
si possono avere dei biglietti forfettari?
si possono avéré déi bilièti forfétari?

est-ce que je peux emporter mon vélo dans le train ?
posso mettere la mia bici sul treno?
posso mètéré la mia bitchi soul tréno?

EN METRO

quelle est la station de métro la plus proche ?
qual è la fermata di metropolitana più vicina?
coual è la fermata di métropolitana piou vitchina?

est-ce que vous avez un plan du métro ?
ha una cartina della metropolitana?
a ouna cartina déla métropolitana?

j'ai perdu mon ticket
ho perso il biglietto
o pérso il biliéto

la machine n'accepte pas mon ticket, pouvez-vous m'aider ?
la macchinetta non mi prende il biglietto, mi può aiutare?
la makinéta none mi prène-dé il biliéto, mi pouo aïoutaré?

à quelle heure passe le dernier métro ?
a che ora c'è l'ultima metropolitana?
a ké ora tché loultima métropolitana?

EN AUTOBUS

c'est bien l'arrêt du 47 ?
passa di qui il 47?
passa di coui il couarane-ta sèté?

vous attendez depuis longtemps ?
è molto che aspetta?
è molto ké aspéta?

ce bus va bien au centre-ville ?
questo autobus va in centro?
couèsto aoutobousse va ine tchène-tro?

pouvez-vous me prévenir quand nous y serons ?
mi può avvertire quando ci arriviamo?
mi pouo avèrtiré couane-do tchi ariviamo?

existe-t-il un service de nuit ?
c'è un autobus notturno?
tchè oune **a**outobousse not**ou**rno?

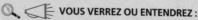

🔍 📢 **VOUS VERREZ OU ENTENDREZ :**

arrivi	arrivées
autostrada	autoroute
biglietteria	billets *(guichet)*
binario	quai
dare la precedenza	vous n'avez pas la priorité
deviazione	déviation
distributore automatico di biglietti	distributeur automatique de billets
divieto di sosta	stationnement interdit
è vietato usare la toilette quando il treno è in stazione	l'usage des WC est interdit pendant l'arrêt du train en gare
fine di...	fin de...
galleria	tunnel
giorni dispari/pari (sosta permessa nei...)	jours impairs/pairs (stationnement autorisé)
lasciare libero il passaggio	stationnement gênant
lavori stradali	travaux
Metropolitana	Métro
normale	essence ordinaire
partenze	départs
passo	col
pedaggio	péage
precedenza a destra	priorité à droite
senza piombo	sans plomb
stazione degli autobus	gare routière
viadotto	pont, viaduc
vietato sporgersi dal finestrino	ne pas se pencher par la fenêtre
zona di parcheggio limitato	zone bleue

VOUS DIREZ :

bon marché	a buon mercato *a bouone mèrcato*
caisse	la cassa *cassa*
carte de crédit	la carta di credito *carta di crédito*
chèque	un assegno *assénio*
cher	caro *caro*
magasin	un negozio *négotsio* .
payer	pagare *pagaré*
reçu	una ricevuta *ritchévouta*
sac	una borsa *borsa*
supermarché	il supermercato *soupèrmèrcato*
ticket de caisse	una ricevuta *ritchévouta*
vendeur	il commesso *comèsso*
vendeuse	la commessa *comèssa*

s'il vous plaît, Mademoiselle
mi può aiutare, per piacere?
mi pouo aïoutaré, père piatchéré?

je voudrais...
vorrei...
voreille...

avez-vous... ?
ha...?
a...?

c'est combien ?
quanto costa questo?
couane-to costa couésto?

l'article en vitrine
quello in vetrina
couèlo ine vètrina

vous acceptez les cartes de crédit ?
accettate le carte di credito?
atchètaté lé carté di crédito?

je peux avoir un reçu ?
vorrei la ricevuta
voreille la ritchévouta

je voudrais essayer ça, s'il vous plaît
vorrei provarlo
voreille provarlo

c'est trop grand/petit
è troppo grande/piccolo
è tropo grane-dé/picolo

l'avez-vous dans d'autres coloris ?
ce l'ha in altri colori?
tché la ine altri colori?

je reviendrai
tornerò
tornèro

je le prends
lo prendo
lo prène-do

vous pouvez me faire un paquet-cadeau ?
può farmi una confezione regalo?
pouo farmi ouna cone-fètsioné régalo?

est-il possible d'échanger cet article ?
posso cambiare questo articolo?
posso came-biaré couèsto articolo?

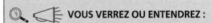

abiti	vêtements
camerino di prova	cabine d'essayage
cassa	caisse
chiuso	fermé
da consumarsi entro...	à consommer avant le...
da vendersi entro...	date limite de vente : ...
munirsi di carrello	caddie obligatoire
orario d'apertura	heures d'ouverture
pagare alla cassa	payer à la caisse
saldi	soldes
sali e tabacchi	sel et tabac

sconto	réduction
tenere in luogo fresco	à conserver au frais

 DIALOGUE :

desidera?
dézidéra?
est-ce que je peux vous renseigner ?

> **je ne fais que regarder**
> posso dare un'occhiata?
> *posso daré ounokiata?*

> **où est le rayon chaussures ?**
> dov'è il reparto scarpe?
> *dovè il réparto scarpé?*

è al terzo piano
è al tèrtso piano
c'est au troisième

> **avez-vous ces chaussures en noir ?**
> ha queste scarpe in nero?
> *a couèsté scarpé ine néro?*

che numero porta?
ké nouméro porta?
quelle est votre pointure ?

> **oui, ça va, je les prends**
> sì, va bene, le prendo
> *si, va béné, lé prène-do*

ⓘ HEURES D'OUVERTURE

Dans les grandes villes, les magasins sont ouverts de 09h00 à 10h00 sans interruption. Seuls les grands magasins et les supermarchés sont ouverts le dimanche. Les petits magasins peuvent être fermés entre 13h00 et 15h30.

LES REGIONS ITALIENNES

Quelques noms différents :

Le Capitole	il Campidoglio *came-pidolio*
Le Colisée	il Colosseo *colosséo*
Florence	Firenze *firène-tsé*
Forum Romain	il Foro Romano *foro romano*
Gênes	Genova *djène-ova*
Milan	Milano *milano*
Naples	Napoli *napoli*
Padoue	Padova *padova*
Rome	Roma *roma*
Sardaigne	Sardegna *sardènia*
Sicile	Sicilia *sitchília*
Saint Pierre	San Pietro *san piètro*
Tibre	il Tevere *tévèré*
Toscane	Toscana *toscana*
Turin	Torino *torino*
Le Vatican	la Città del Vaticano *tchita del vaticano*
Venise	Venezia *vénétsia*

En voyage :

Autostrada dei Fiori	autoroute qui relie Gênes à La Spezia
Autostrada dei Laghi	autoroute qui relie Milan à la région des lacs
Autostrada del Sole	autoroute qui relie Milan à la Calabre
centro storico	vieux centre-ville d'intérêt historique
ENIT, EPT	organismes de tourisme
il Mezzogiorno	le sud
il Monte Bianco	le mont Blanc
Riviera ligure	la Riviera italienne

Fêtes et autres événements :

il Biennale di Venezia exposition d'art contemporain à Venise, de juin à septembre des années paires

il Calcio in costume match de football du 16ème siècle en costumes d'époque, se déroulant en juin à Florence, sur la Piazza della Signoria

il Carnevale   le Carnaval est célébré partout en Italie avant le carême; celui de Venise est le plus connu

la Festa de'Noantri   fête du quartier Trastevere à Rome avec danse et musique

la Festa di S.Gennaro   fête de la liquéfaction du sang de St Gennaro, à Naples le 1er samedi de mai

il Festival del Cinema   festival du film de Venise, tous les ans d'août à septembre

la Giostra del Saracino   reconstitution d'une joute médiévale à Avezzo sur la Piazza Grande

il maggio musicale Fiorentino   festival international de musique classique de Florence en mai et juin

il Palio di Siena   course de chevaux en costumes du moyen-âge sur la place principale de Sienne

la Regata Storica   course des gondoliers sur le Canal Grande de Venise, le 1er dimanche de septembre

il Scoppio del Carro   feu d'artifice tiré à Florence le dimanche de Pâques

il Stagione lyrica di Verona   opéra dans l'arène de Vérone

Quelques lieux et monuments célèbres :

il Caffè Greco   ce café historique de Rome a gardé la trace de ses clients célèbres, comme El Greco

la Cappella Sistina   la chapelle Sixtine qui comporte, entre autres, les célèbres fresques murales de la Création de Michel-Ange

il Duomo   les deux plus célèbres duomi, ou cathédrales, sont il duomo di Milano (Milan) et il duomo di Firenze (Florence)

la Fontana di Trevi   fontaine baroque du centre de Rome, immortalisée par Fellini dans *La Dolce Vita*

il Ponte dei Sospiri   le pont des Soupirs à Venise

la Torre di Pisa   la tour de Pise

l'Uffizi   musée d'art à Florence, réputé pour la richesse de sa collection de peintures

LES JOURS FERIES

N'oubliez pas ! Les jours fériés, le pays fonctionne au ralenti et vous risquez de trouver les banques fermées, et bon nombre de restaurants, de magasins, voire de cinémas.

Capodanno/Jour de l'An : 1er janvier
Venerdì Santo/Vendredi Saint
Pasqua/Lundi de Pâques
Anniversario della liberazione/Anniversaire de libération : 25 avril
Festa del Lavoro/Fête du travail : 1er mai
L'Assunzione/L'Ascension
Ferragosto/Assomption
Ognissanti/Toussaint : 1er novembre
L'Immacolata Concezione/Immaculée Conception : 8 décembre
Natale/Noël : 25 décembre
Santo Stefano (lendemain de Noël) : 26 décembre

Des jours fériés locaux peuvent aussi s'ajouter à cette liste.

VOUS DIREZ :

addition	il conto *cone-to*
banque	una banca *bane-ca*
bureau de change	un ufficio di cambio *ofítcho di came-bio*
carte de crédit	una carta di credito *carta di crédito*
chèque	un assegno *assénio*
chèque de voyage	un travellers' cheque *travèlèrze tchèke*
cher	caro *caro*
distributeur de billets	la cassa continua *cassa cone-tinoua*
eurochèque	un eurochèque *iourotchèke*
francs français	i franchi francesi *frane-ki frane-tchézi*
lires italiennes	le lire italiane *liré italiané*
monnaie	la moneta *monéta*
prix	il prezzo *prètso*
reçu	una ricevuta *ritchévouta*
taux de change	il tasso del cambio *tasso del came-bio*

combien ça coûte ?
quanto costa?
couane-to costa?

j'aimerais changer ceci en...
vorrei cambiare questi soldi in...
voreille came-biaré quèsti soldi ine...

pourriez-vous me donner de la monnaie ?
potreste darmi della moneta?
potrèsté darmi dèla monéta?

est-ce que vous acceptez cette carte de crédit ?
accettate questa carta di credito?
atchètaté couèsta carta di crédito?

l'addition, s'il vous plaît
il conto, per piacere
*il co*ne*-to, père piatché*ré

gardez la monnaie
tenga il resto
*tè*nga *il rè*sto

est-ce que le service est compris ?
il servizio è compreso?
*il sèrv*i*tsio è come-pré*zo?

quels sont vos taux ?
qual è la vostra tariffa?
*coual è la vo*stra *tari*fa?

je crois qu'il y a une erreur
credo che ci sia un errore
*cré*do *ké tchi si*a *oune èro*ré

je n'ai pas un rond
sono in bolletta
*so*no *ine bolè*ta

VOUS VERREZ OU ENTENDREZ :

banca	banque
banca/banco di	caisse d'épargne
risparmio	
cambio	change, taux de change
carta di credito	carte de crédit
franchi francesi	francs français
IVA	TVA
prezzo d'acquisto	nous achetons à...
prezzo di vendita	nous vendons à...
tasso del cambio	cours du change

ⓘ *L'unité monétaire est la 'lira' [li*ra*], pluriel 'lire' [li*ré*].
'La grana' est une expression familière pour désigner
l'argent.*

💬💬 DIALOGUE :

bonjour, est-il possible de réserver... par téléphone ?
buongiorno, è possibile prenotare... per telefono?
bouone-djorno, è possibilé prénotaré... père téléfono?

sì, però deve pagare con la carta di credito
si, pèro dévé pagaré cone la carta di crédito
bien sûr, à condition de régler par carte de crédit

mi deve dare il numero della carta
mi dévé daré il nouméro dèla carta
quel est votre numéro de carte ?

qual è la data di scadenza?
coual è la data di scadène-tsa?
quelle est la date d'expiration ?

ⓘ POURBOIRE

En Italie, on ne laisse généralement pas de pourboire.

LES SORTIES

💬 VOUS DIREZ :

billet	un biglietto *biliéto*
chanteur, chanteuse	un/una cantante *cane-tane-té*
cinéma	il cinema *tchinéma*
concert	un concerto *cone-tchèrto*
discothèque	una discoteca *discotéca*
film	un film *film*
groupe	il gruppo *groupo*
pièce (de théâtre)	un dramma *drama*
place	un posto (a sedere) *posto (a sédéré)*
réserver	prenotare *prénotaré*
soirée	una serata *sérata*
sortir	uscire *ouchiré*
spectacle	uno spettacolo *spétacolo*
théâtre	il teatro *téatro*

qu'est-ce que tu fais ce soir ?
che cosa fai stasera?
ké coza faï stasséra?

veux-tu sortir ce soir ?
vuoi uscire stasera?
vouoï uchiré stasséra?

je suis invité à une soirée, tu m'accompagnes ?
mi hanno invitato a una festa, vuoi venire?
mi ano ine-vitato a ouna fèsta, vouoï véniré?

qu'est-ce qu'il y a comme spectacles ?
che cosa danno?
ké coza dano?

avez-vous un programme des spectacles ?
avete un programma degli spettacoli?
avété oune programa déli spétacoli?

quelle est la meilleure discothèque du coin ?
qual è la migliore discoteca dei dintorni?
coual è la miliore discotéca déï dine-torni?

allons au cinéma/théâtre
andiamo al cinema/al teatro
ane-diamo al tchinéma/al téatro

je l'ai déjà vu
l'ho già visto
lo dja visto

rendez-vous à la gare à 9 heures
ci vediamo alle nove alla stazione
tchi védiamo alé nové ala statsioné

j'aimerais deux places pour ce soir
vorrei due biglietti per stasera
voreille doué biliéti père stasséra

est-ce qu'il reste des tickets pour le concert de U2 ?
ci sono ancora biglietti per il concerto degli U2?
tchi sono ane-cora biliéti père il cone-tchèrto déli ou doué?

ils donnent un concert en plein air ce soir
stasera c'è un concerto all'aperto
stasséra tchè oune cone-tchèrto alapèrto

tu veux danser ?
vuoi ballare?
vouoï balaré?

veux-tu danser encore une fois ?
vuoi fare un altro ballo?
vouoï faré oune altro balo?

merci, mais je suis avec mon copain
grazie, ma sono qui col mio ragazzo
gratsié, ma sono coui cole mio ragatso

allons prendre l'air
usciamo a prendere un po' d'aria
ouchiamo a prèndéré oune po daria

vous me laisserez rentrer quand je reviendrai ?
mi lasciate rientrare quando torno?
mi lachaté rièntraré couane-do torno?

j'ai rendez-vous avec quelqu'un qui est déjà entré
mi devo incontrare con una persona dentro
mi dévo ine-cone-traré cone ouna pèrsona dèntro

  VOUS VERREZ OU ENTENDREZ :

annullato	annulé
biglietteria	guichet
con sottotitoli	sous-titré
il prossimo spettacolo	prochaine séance
in lingua originale	en version originale, VO
sospeso	reporté à une date ultérieure

 DIALOGUE :

je voudrais réserver des places pour la représentation de samedi soir
vorrei prenotare due biglietti per lo spettacolo di sabato sera
voreille prénotaré doué bilièti père lo spétacolo di sabato séra

quanti posti?
couane-ti posti?
combien de places ?

abbiamo quattro posti a 24.000 lire
abiamo couatro posti a vènti couatro milé liré
j'ai quatre places à 24.000 lires

come vuole pagare?
comé vouolé pagaré?
vous réglez comment ?

🗨 VOUS DIREZ :

bikini	un bikini *bikini*
bronzer	abbronzarsi *abrone-zarsi*
costume de bain	un costume da bagno *costoumé da banio*
huile solaire	l'olio solare *olio solaré*
lait solaire	il latte solare *laté solaré*
maillot de bain	un costume da bagno *costoumé da banio*
mer	il mare *maré*
nager	nuotare *nouotaré*
parasol	un ombrellone *ome-brèllloné*
plage	la spiaggia *spiadja*
plonger	tuffarsi *toufarsi*
sable	la sabbia *sabia*
se faire bronzer	fare i bagni di sole *faré i bagni di solé*
serviette	l'asciugamano da spiaggia *achougamano da spiadja*
vague	l'onda *one-da*

allons à la plage
andiamo in spiaggia
ane-diamo ine spiadja

elle est bonne ?
com'è l'acqua?
comè lacoua?

elle est glacée
è gelida
è djèlida

elle est bonne
va bene
va béné

l'eau est profonde ?
è profonda l'acqua?
è profone-da lacoua?

tu viens nager ?
vieni a nuotare?
viéni a nouotaré?

je ne sais pas nager
non so nuotare
none so nouotaré

il nage comme un poisson
nuota come un pesce
nouota comé oune pèché

pouvez-vous garder mes affaires ?
potete tener d'occhio le mie cose?
potété ténère dokio lé mié cozé?

tu peux me passer de l'huile dans le dos ?
mi puoi spalmare l'olio solare sulla schiena?
mi pouoï spalmaré lolio solaré soula skiéna?

j'adore me faire bronzer
adoro i bagni di sole
adoro i bagni di solé

j'ai pris un gros coup de soleil
mi sono preso una bella scottata
mi sono prézo ouna béla scotata

tu es tout mouillé !
sei fradicio!
séi fraditcho!

 VOUS VERREZ OU ENTENDREZ :

... a nolo	... à louer
bagnino	surveillant de plage
da affittare/noleggiare	à louer
docce	douches
è pericoloso bagnarsi	baignade dangereuse
è proibito bagnarsi	baignade interdite
gelati	glaces

?

 VOUS DIREZ :

accident	un incidente	*ine-tchidénté*
ambulance	un'ambulanza	*ame-boulane-tsa*
blessé	ferito	*férito*
cassé	rotto	*roto*
en dérangement	guasto	*gouasto*
en retard	in ritardo	*ine ritardo*
incendie	un incendio	*ine-tchèndio*
malade	malato	*malato*
médecin	un medico	*médico*
police	la polizia	*politsia*
pompiers	i pompieri	*pome-piéri*
urgence	un'emergenza	*èmèrdjèntsa*

je ne comprends rien
non capisco niente
none capisco niènté

pouvez-vous trouver quelqu'un pour traduire ?
può trovare un interprete?
pouo trovaré oune intèrprété?

y a-t-il quelqu'un qui parle français ?
c'è qualcuno che parla francese?
tchè coualcouno ké parla frane-tchézé?

pouvez-vous m'aider ? je suis perdu
mi può aiutare? mi sono perso
mi pouo aïoutarmi? mi sono pèrso

j'ai perdu mon passeport
ho perso il passaporto
o pèrso il passaporto

je dois me rendre à l'Ambassade de France
devo andare all'Ambasciata francese
dévo ane-daré alame-bachiata frane-tchézé

je n'arrive pas à l'ouvrir
non riesco ad aprirlo
none rièsco ade aprirlo

c'est bloqué
è bloccato
è bloccato

ça ne marche pas
non funziona
none foune-tsiona

est-ce que je peux me servir de votre téléphone ?
il s'agit d'une urgence
posso usare il vostro telefono? si tratta di una
questione d'emergenza
*posso ouzaré il vostro télèfono? si trata di ouna
couèstioné dèmèrdjèntsa*

au secours !
aiuto!
aïouto!

au feu !
al fuoco!
al fouoco!

appelez les pompiers, vite !
chiamate i pompieri, presto!
kiamaté i pome-piéri, prèsto!

il faut appeler une ambulance
bisogna chiamare un'ambulanza
bizonia kiamaré ouname-boulane-tsa

A L'HOTEL

je me suis enfermé dehors
mi sono chiuso fuori
mi sono kiouzo fouori

la lumière ne marche pas dans ma chambre
nella mia stanza non s'accende la luce
nèla mia stane-tsa non sachèndé la loutché

l'ascenseur est en panne
l'ascensore è bloccato
lachènsoré è bloccato

?

la chasse d'eau ne marche pas
lo sciacquone del gabinetto non funziona
lo chacouoné del gabinéto none foune-tsiona

il n'y a pas de bonde pour la baignoire
non c'è il tappo nella vasca da bagno
none tchè il tapo nèla vasca da banio

je n'arrive pas à faire marcher la douche
non riesco a far funzionare la doccia
none rièsco a far foune-tsionaré la dotcha

il n'y a pas d'eau chaude
non c'è acqua calda
none tchè acoua calda

le chauffage ne marche pas
il riscaldamento non funziona
il riscaldamène-to none foune-tsiona

nous n'avons pas assez de serviettes de toilette
non abbiamo abbastanza asciugamani
none abiamo abastane-tsa achugamani

les draps n'ont pas été changés depuis...
le lenzuola non sono state cambiate da...
lé lène-tsouola none sono staté came-biaté da...

il n'y a plus de papier hygiénique
non c'è più carta igienica
none tchè piou carta idjénica

je suis désolé, j'ai cassé le/la...
mi rincresce molto, ho rotto il/la...
mi rine-créché molto, o roto il/la...

je veux faire une réclamation
ho un reclamo da fare
o oune réclamo da faré

A L'AEROPORT

j'ai raté ma correspondance
ho perso la coincidenza
o pèrso la coïne-tchidène-tsa

mes bagages ne sont pas arrivés
il mio bagaglio non è arrivato
il mio bagaglio none è arivato

j'ai oublié quelque chose dans l'avion
ho dimenticato una cosa sull'aereo
o dimènticato ouna koza soulaéréo

je voudrais faire une déclaration de perte pour mes bagages
vorrei fare la denuncia di smarrimento del bagaglio
voreille faré la dénoune-tcha di smarimène-to del bagalio

EN VOITURE

je suis tombé en panne
ho avuto un guasto
o avouto oune gouasto

nous sommes en panne d'essence
siamo rimasti senza benzina
siamo rimasti sène-tsa bène-tsina

pourriez-vous m'emmener à la station-service la plus proche ?
mi dà un passaggio fino al distributore più vicino?
mi da oune passadjo fino al distriboutoré piou vitchino?

j'ai crevé et ma roue de secours est dégonflée
ho una gomma a terra e la ruota di scorta è sgonfia
o ouna goma a téra é la rouota di scorta è sgone-fia

nous venons d'avoir un accident
abbiamo appena fatto un incidente
abiamo apéna fato oune ine-tchidènté

j'ai perdu mes clés de voiture
ho perso le chiavi della macchina
o pèrso lé kiavi dèla makina

la batterie est à plat
la batteria è scarica
la batéria è scarica

?

pouvez-vous nous aider à pousser la voiture ?
ci può aiutare a spingere la macchina?
tchi pouo aïoutaré a spine-djéré la makina?

PROBLEMES D'ARGENT

je n'ai pas assez d'argent
non ho abbastanza soldi
none o abastane-tsa soldi

vous avez fait une erreur en me rendant la monnaie
ha sbagliato a darmi il resto
a sbaliato a darmi il rèsto

je voudrais signaler la perte de mes cartes de crédit
voglio denunciare lo smarrimento delle mie carte di credito
volio dénoune-tcharé lo smarimène-to dèlé mié carté di crédito

le distributeur de billets a avalé ma carte
il bancomat non mi ha ridato la carta
il bane-comate none mi a ridato la carta

AU POSTE DE POLICE

on a forcé la porte de ma voiture
mi hanno forzato lo sportello della macchina
mi ano fortsato lo sportèlo dèla makina

on m'a volé mes papiers
mi hanno rubato i documenti
mi ano roubato i docoumène-ti

cet homme me suit depuis un moment
quest'uomo mi segue da un po'
couèstouomo mi ségoué da oune po

j'ai été attaqué
sono stato assalito
sono stato assalito

ma voiture a été emmenée à la fourrière
mi hanno portato via la macchina con il carro attrezzi
mi ano portato via la makina cone il caro atrétsi

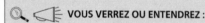 **VOUS VERREZ OU ENTENDREZ :**

attenti al cane	chien méchant
attenzione	attention
fuori servizio	en panne
guasto	en panne
proibito...	interdiction de...
pronto soccorso polizia	Police secours
soccorso alpino	secours en montagne
soccorso stradale	service de dépannage
ufficio oggetti smarriti	bureau des objets trouvés
uscita d'emergenza	sortie de secours
vietato	interdit
vigili del fuoco	pompiers

VOUS DIREZ :

arthrite	l'artrite f *artrité*
avortement	l'aborto *aborto*
blessure	una ferita *férita*
brûlure	la bruciatura *broutchatoura*
cancer	il cancro *cane-cro*
cassé	rotto *roto*
commotion cérébrale	la commozione cerebrale *comotsioné tchèrèbralé*
contraception	la contraccezione *cone-tratchètsioné*
cystite	la cistite *tchistité*
dent de sagesse	il dente del giudizio *dènté del djouditsio*
dentiste	un dentista *dèntista*
éruption	l'eruzione *éroutsioné*
fausse couche	l'aborto spontaneo *aborto spone-tanéo*
handicapé	invalido *ine-valido*
hôpital	l'ospedale *ospédalé*
infirmière	un'infermiera *ine-fèrmiéra*
mal de dents	il mal di denti *mal di dènti*
malade	malato *malato*
maladie	una malattia *malatia*
médecin	un medico *médico*
migraine	l'emicrania f *èmicrania*
oreillons	gli orrechioni *orèkioni*
pansement	la benda *bènda*
pharmacie	la farmacia *farmatchia*
préservatif	preservativo *prézèrvativo*
sang	il sangue *sane-goué*
santé	la salute *salouté*
thermomètre	il termometro *tèrmométro*
ulcère	l'ulcera *oultchéra*
varicelle	la varicella *varitchèla*

je ne me sens pas bien
non mi sento molto bene
none mi sènto molto béné

j'ai mal ici
ho un dolore qui
o oune doloré coui

ça fait mal
fa male
fa malé

ça empire
peggiora
pèdjora

je me sens mieux
mi sento meglio
mi sènto mélio

j'ai mal au cœur
ho la nausea
o la naouzéa

j'ai mangé quelque chose qui n'est pas passé
ho mangiato qualcosa che mi ha fatto male
o mane-djato coualcoza ké mi a fato malé

je vomis tout ce que je mange
vomito tutto quel che mangio
vomito touto couèl ké mane-djo

j'ai la diarrhée
ho la diarrea
o la diaréa

je suis allergique à l'aspirine
sono allergico all'aspirina
sono alèrgico alaspirina

je suis asthmatique
soffro d'asma
sofro dasma

je suis diabétique
sono diabetico
sono diabético

il est cardiaque
è malato di cuore
è malato di couoré

il souffre d'hypertension
ha la pressione alta
a la prèssioné alta

elle a une insolation
ha preso un'insolazione
a prézo ounine-zolatsioné

je me suis fait piquer par une guêpe
mi ha punto una vespa
mi a poune-to ouna vèspa

je me suis tordu la cheville
mi sono slogato una caviglia
mi sono slogato ouna cavilia

je me suis blessé en tombant
sono caduto e mi sono fatto male
sono cadouto é mi sono fato malé

il a beaucoup de fièvre
ha la febbre alta
a la fèbré alta

pouvez-vous appeler un médecin ?
può chiamare un medico?
pouo kiamaré oune médico?

y a-t-il un médecin parmi vous ?
qualcuno di voi è medico?
coualcouno di voï è médico?

c'est grave ?
è grave?
è gravé?

il faudra l'opérer ?
ha bisogno di essere operato?
a bizonio di èsséré opèrato?

avez-vous quelque chose contre... ?
avete qualcosa per...?
avété coualcoza père...?

**j'ai besoin de solution de rinçage pour mes
lentilles de contact**
ho bisogno del liquido per pulire le lenti a contatto
*o bizònio del lícouido père poulíré lé lène-ti a cone-
tato*

j'ai cassé mes lunettes, je dois les remplacer
mi si sono rotti gli occhiali, me ne serve un altro paio
mi si sono roti li okiali, mé né sèrvé oune altro païo

je cherche un oculiste
cerco un oculista
tchèrco oune ocoulista

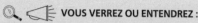

VOUS VERREZ OU ENTENDREZ :

agitare prima dell'uso	agiter avant l'emploi
da non ingerirsi	ne pas avaler
da prendere a digiuno	à prendre à jeun
da prendere prima/ dopo i pasti	à prendre avant/après les repas
da vendersi solo dietro presentazione di ricetta medica	délivré seulement sur ordonnance
pronto soccorso	service médical des urgences
sciogliere	à dissoudre
studio medico	cabinet médical
tranquillante	calmant
una compressa al giorno	un comprimé par jour

j'aimerais apprendre à faire de la planche à voile
voglio imparare a fare il windsurf
volio ime-parare a faré il ouine-dseurf

est-ce que nous pouvons louer un bateau à voile ?
possiamo affittare una barca a vela?
possiamo afitaré ouna barca a véla?

combien coûte une demi-heure de ski nautique ?
quanto costa mezz'ora di sci d'acqua?
couane-to costa mèdzora di chi dacoua?

**j'aimerais prendre des leçons de plongée sous-
marine**
vorrei prendere lezione di nuoto subacqueo
voreille prèndéré lètsioné di nouoto soubacouéo

**est-ce que nous pouvons utiliser le court de
tennis ?**
possiamo usare il campo da tennis?
possiamo ouzaré il came-po da ténisse?

rendez-vous à l'arrivée du télésiège
ci vediamo in cima a lo skilift
tchi védiamo ine tchima a lo skilifte

j'aimerais aller à un match de football
vorrei andare a vedere una partita di calcio
voreille ane-daré a védéré ouna partita di caltcho

est-ce qu'on peut faire de l'équitation ici ?
si può andare a cavallo qui?
si pouo ane-daré a cavalo coui?

nous allons faire de l'alpinisme
andiamo a fare dell'alpinismo
andiamo a faré dèlalpinismo

c'est la première fois que j'en fais
questa è la prima volta che lo provo
couèsta è la prima volta ké lo provo

y a-t-il une piscine dans les environs ?
c'è una piscina qui vicino?
tchè ouna pichina coui vitchino?

est-ce qu'on peut se baigner ici ?
si può fare il bagno qui?
si pouo faré il banio coui?

vous savez jouer au volley ?
sapete giocare a pallavolo?
sapété djocaré a palavolo?

on se fait une partie de billard ?
facciamo una partita a biliardo?
fatchamo ouna partita a biliardo?

quel est le score ?
quanto stanno?
couane-to stano?

qui gagne ?
chi vince?
ki vintché?

quarante à
quaranta pari
couarane-ta pari

quarante trente
quaranta trenta
couarane-ta trènta

LA POSTE

💬 **VOUS DIREZ :**

colis	il pacco *paco*
envoyer	mandare *mane-daré*
lettre	la lettera *létéra*
poste	l'ufficio postale *oufitcho postalé*
poste restante	il fermo posta *fèrmo posta*
recommandé	raccomandata *racomane-data*
télégramme	il telegramma *télégrama*
timbre	un francobollo *frane-cobolo*

quel est le tarif pour envoyer une lettre en France ?
quanto costa un francobollo per lettera per la Francia?
couane-to costa oune frane-cobolo père létéra père la frane-tcha?

j'aimerais quatre timbres à 600 lires
vorrei quattro francobolli da seicento lire
voreille couatro frane-coboli da séitchènto liré

j'aimerais six timbres pour des cartes postales à destination de la France
vorrei sei francobolli per cartolina per la Francia
voreille séï frane-coboli père cartolina père la frane-tcha

y a-t-il du courrier pour moi ?
c'è posta per me?
tchè posta père mé?

j'attends un colis de...
aspetto un pacco da...
aspéto oune paco da...

je voudrais envoyer ceci en recommandé
vorrei mandare questa per raccomandata
voreille mane-daré couèsto père racomane-data

VOUS VERREZ OU ENTENDREZ :

cartolina	carte postale
cassetta delle lettere	boîte à lettres
codice d'avviamento postale	code postal
fermo posta	poste restante
francobolli	timbres
indirizzo	adresse
mittente	expéditeur
poste e telegrafi, PT	postes et télécommunications
prossima levata	prochaine levée

VOUS DIREZ :

annuaire	l'elenco del telefono *elènco del telèfono*
cabine téléphonique	una cabina telefonica *cabina telèfonica*
numéro	il numero *noumèro*
occupé	occupato *ocoupato*
opératrice	il centralino *tchèntralino*
les pages jaunes	le pagine gialle *padjiné djalé*
portable	il cellulare *tchéloularé*
poste (interne)	il numero interno *noumèro inetèrno*
renseignements	informazioni elenco abbonati *ineformatsioni èlènco abonati*
répondeur	la segreteria telefonica *ségrétéria télèfonica*
télécarte®	la carta telefonica *carta télèfonica*
téléphone	il telefono *télèfono*
téléphone à carte	il telefono a carta *télèfono a carta*
téléphoner	telefonare *télèfonare*

y a-t-il un téléphone par ici ?
c'è un telefono nei dintorni?
tchè oune télèfono néï dine-torni?

est-ce que je peux me servir de votre téléphone ?
posso usare il suo telefono?
posso ouzaré il souo télèfono?

je voudrais téléphoner en France
vorrei telefonare in Francia
voreille télèfonaré ine frane-tcha

je veux téléphoner en PCV
vorrei fare una chiamata a carico del destinatario
voreille faré ouna kiamata a carico del dèstinatario

une télécarte® à 10.000 lires, s'il vous plaît
una carta telefonica da 10.000 lire, per favore
ouna carta télèfonica da diétchi milé liré, père favoré

ce téléphone accepte-t-il aussi les cartes de crédit ?
questo telefono prende anche la carta di credito?
couésto tèlèfono prène-dé ane-ké la carta di crédito?

quel est votre numéro de téléphone ?
qual è il suo numero di telefono?
coual è il souo nouméro di tèlèfono?

allô, c'est Claude
pronto, sono Claude
prone-to, sono Claude

je voudrais parler à Roberta, s'il vous plaît
vorrei parlare con Roberta
voreille parlaré cone Roberta

qui est à l'appareil ?
chi parla?
ki parla?

est-ce que je peux laisser un message ?
potrei lasciare un messaggio?
potreille lacharé oune mèssadjo?

vous parlez français ?
parla francese?
parla frane-tchézé?

pourriez-vous répéter cela très très lentement ?
potrebbe ripetere molto più lentamente?
potrèbé ripétéré molto piou lèntamènté?

pouvez-vous lui dire que Nicole a appelé ?
potrebbe dirgli/dirle che ha chiamato Nicole?
potrèbé dirli/dirlé ké a kiamato Nicole?

pouvez-vous lui demander de me rappeler ?
potrebbe chiedergli/chiederle di richiamarmi?
potrèbé kiédèrli/kiédèrlé di rikiamarmi?

je rappellerai
richiamo più tardi
rikiamo piou tardi

voici mon numéro
il mio numero è...
il mio nouméro è...

voici le numéro de mon portable
le do il numero del cellulare
le do il noumèro del tchéloularé

77.63.21
settanta sette, sessanta tre, ventuno
sètane-ta sété, sèssàne-ta tré, ventouno

un instant, s'il vous plaît
un momento, per favore
oune momènto, pere favoré

il est sorti
non c'è
none tchè

excusez-moi, je me suis trompé de numéro
spiacente, ho sbagliato numero
spiachènté, o sbaliato noumèro

je vous entends très mal
si sente malissimo
si sènté malissimo

je n'ai plus de pièces
ho finito gli spiccioli
o finito li spitchioli

veuillez laisser un message après le bip sonore
lasciate un messaggio dopo il segnale acustico
lachaté oune mèssadjo dopo il sénialé acoustico

j'ai laissé un message sur votre répondeur
le ho lasciato un messaggio in segreteria
lé o lachato oune mèssadjo ine ségrétéria

pouvez-vous m'expliquer ce que dit le répondeur ?
mi può dire cosa dice la segreteria?
mi pouo diré coza ditché la ségrétéria?

L'ALPHABET

comment ça s'écrit ?
come si scrive?
come si scrive?

ça s'écrit...
si scrive...
si scrive...

a *a*	**f** *éfé*	**k** *capa*	**p** *pi*	**u** *ou*	**z** *tséta*
b *bi*	**g** *dgi*	**l** *élé*	**q** *cou*	**v** *vou*	
c *tchi*	**h** *aca*	**m** *èmé*	**r** *èré*	**w** *dopio vou*	
d *di*	**i** *i*	**n** *èné*	**s** *èssé*	**x** *ikse*	
e *è*	**j** *i lounga*	**o** *o*	**t** *ti*	**y** *i grièca*	

 VOUS VERREZ OU ENTENDREZ :

chiamate il...	composer...
gettoni	jetons de téléphone
guida telefonica	annuaire téléphonique
il numero di questa cabina è...	on peut appeler cette cabine en composant le numéro suivant...
pompieri	pompiers
riprendere la carta	reprenez votre carte
sganciare	décrocher
segnale della centrale	tonalité
telefono per interurbane	téléphone interurbain

---

aspetti
aspèti
ne quittez pas

chi devo dire?
ki dévo dire?
c'est de la part de qui ?

chi parla?
ki parla?
qui est à l'appareil ?

💬 DIALOGUE :

allô, les renseignements ? j'ai besoin d'un numéro de téléphone à Rome
pronto, elenco abbonati? vorrei un numero di Roma
prone-to, élène-co abonati? voreille oune nouméro di roma

> **che nome?**
> *ké nomé?*
> quel est le nom ?
>
> **e l'iniziale? ce n'è più d'uno**
> *é linitsialé? tché nè piou douno*
> et les initiales ? j'en ai plusieurs
>
> **e l'indirizzo?**
> *é line-diritso?*
> et l'adresse ?
>
> **ecco il numero**
> *èco il nouméro*
> voici le numéro

LE FAX ET LE COURRIER ELECTRONIQUE

🗨 VOUS DIREZ :

arrobas	la chiocciolina *kiotcholina*
courrier électronique	la posta elettronica *posta élétronica*
fax	il fax *fax*
faxer	mandare per fax *mane-daré père fax*
message électronique	il messaggio di posta elettronica *mèssadjo di posta élétronica*
modem	il modem *modème*
numéro de fax	il numero di fax *nouméro di fax*
page Web	la pagina Web *padjina ouéb*
point	il punto *poune-to*
service de télécopie	il servizio fax *sèrvitsio fax*
télécopie	il fax *fax*
télécopieur	il fax *fax*

j'aimerais envoyer un fax en France
vorrei mandare un fax in Francia
voreille mane-daré oune fax ine frane-tcha

pourriez-vous me faxer votre réponse à ce numéro ?
mi può mandare la risposta per fax a questo numero?
mi pouo mane-daré la risposta père fax a couésto nouméro?

voici mon numéro de fax
ecco il mio numero di fax
éco il mio nouméro di fax

je vous l'enverrai par courrier électronique
glielo mando per posta elettronica
liélo mane-do père posta élétronica

quelle est votre adresse électronique ?
qual è il suo indirizzo di posta elettronica?
coual è il souo ine-diritso di posta élétronica?

0	zero	*dzéro*
1	uno	*ouno*
2	due	*doué*
3	tre	*tré*
4	quattro	*couatro*
5	cinque	*tchine-coué*
6	sei	*sëï*
7	sette	*sèté*
8	otto	*oto*
9	nove	*nové*
10	dieci	*diétchi*
11	undici	*oune-ditchi*
12	dodici	*doditchi*
13	tredici	*tréditchi*
14	quattordici	*couatorditchi*
15	quindici	*couine-ditchi*
16	sedici	*sëditchi*
17	diciassette	*ditchasèté*
18	diciotto	*ditchoto*
19	diciannove	*ditchanové*
20	venti	*vènti*
21	ventuno	*vèntouno*
22	ventidue	*vèntidoué*
30	trenta	*trènta*
35	trentacinque	*trèntatchine-coué*
40	quaranta	*couarane-ta*
50	cinquanta	*tchine-couane-ta*
60	sessanta	*sèssane-ta*
70	settanta	*sètane-ta*
80	ottanta	*otane-ta*
90	novanta	*novane-ta*
100	cento	*tchènto*
101	centouno	*tchènto-ouno*
102	centodue	*tchènto-doué*
200	duecento	*douétchènto*
300	trecento	*trétchènto*
400	quattrocento	*couatrotchènto*
500	cinquecento	*tchine-couétchènto*
600	seicento	*sëïtchènto*
700	settecento	*sètétchènto*

800	ottocento	*ototchènto*
900	novecento	*novétchènto*
1 000	mille	*milé*
2 000	duemila	*douémila*
5 000	cinquemila	*tchine-couémila*
1 000 000	un milione	*mile-ioné*
2 000 000	due milioni	*doué mile-ioni*

quel jour sommes-nous ?
che giorno è?
ké djorno è?

nous sommes le premier/12 janvier 1999
è il primo/dodici gennaio 1999
è il primo/doditchi djènaillo milé novétchènto
novane-ta nove

quelle heure est-il ?
che ora è?
ké ora è?

il est midi/minuit
è mezzogiorno/mezzanotte
è mèdzodjorno/mèdzanoté

il est une heure/trois heures
è l'una/sono le tre
è louna/sono lé tré

il est trois heures vingt/moins vingt
sono le tre e venti/meno venti
sono lé tré é vènti/méno vènti

il est huit heures et demie
sono le otto e mezza
sono lé oto é mèdza

à quatorze/dix-sept heures
alle quattordici/diciasette
alé couatorditchi/ditchasèté

A

à a; **à la gare/3 heures** alla stazione/alle 3; **à la vôtre !** alla salute!; **à demain** a domani

abeille f l'ape f

abord: d'abord per prima cosa

abricot m l'albicocca f

accélérateur m l'acceleratore m

accent m l'accento m

accepter accettare

accident m l'incidente m

accompagner accompagnare

accord: d'accord d'accordo

acheter comprare

acide aspro

adaptateur m il riduttore

addition f il conto

adolescent m, **adolescente** f l'adolescente m/f

adresse f l'indirizzo m

adulte m l'adulto m

aéroport m l'aeroporto m

affaires fpl (commerce) gli affari

affiche f il manifesto

affreux terribile

after-shave m il dopobarba

âge m l'età f; **quel âge as-tu ?** quanti anni hai?

agence f l'agenzia f

agence de voyages f l'agenzia di viaggio f

agenda m il diario

agent de police m il poliziotto

agneau m l'agnello m

agrandissement m (photographique) l'ingrandimento m

agréable piacevole

agressif aggressivo

agriculteur m l'agricoltore m

aide f l'aiuto m

aider aiutare

aiguille f l'ago m

ail m l'aglio m

aile f l'ala f

ailleurs altrove

aimable gentile

aimer (d'amour) amare; **j'aime le fromage** mi piace il formaggio; **j'aimerais** vorrei

air m l'aria f; **avoir l'air** avere l'aria

alarme f l'allarme m

alcool m l'alcool m

algues fpl le alghe marine

allaiter allattare al seno

Allemagne f la Germania

allemand tedesco

aller andare; **va-t'en !** vattene!; **il va bien/mal** sta/non sta bene; **le bleu te va bien** il blu ti sta bene

allergique à allergico a

aller-retour m il biglietto di andata e ritorno

aller simple m il biglietto di andata

allumage m l'ascensione f

allumer accendere

allumette f il fiammifero

alors allora

Alpes fpl le Alpi

alternateur m l'alternatore m

ambassade f l'ambasciata f

ambulance f l'ambulanza f

améliorer migliorare

amende f la multa

amer amaro

américain americano

Amérique f l'America f

ami m, **amie** f l'amico m, l'amica f; **le petit ami** il ragazzo; **la petite amie** la ragazza

amortisseur m l'ammortizzatore m

amour m l'amore; **faire l'amour** fare l'amore

ampoule f (électrique) la lampadina; (au pied) la vescica

amuser divertire; **s'amuser** divertirsi

an m l'anno m; **j'ai 25 ans** ho 25 anni

analgésique m l'analgesico m

ananas m l'ananas m

ancêtre m l'antenato m

ancien (vieux) antico

ancre f l'ancora f

âne m l'asino m

angine f la tonsillite

angine de poitrine f l'angina pectoris f

anglais inglese

Angleterre f l'Inghilterra f

animal m l'animale m

année f l'anno m; **bonne année !** Buon Anno!

anniversaire m il compleanno; **bon anniversaire !** buon compleanno!

anniversaire de mariage m l'anniversario di matrimonio m

annuaire m la guida telefonica

annuler annullare

anorak m la giacca a vento

antibiotique m l'antibiotico m

antigel m l'antigelo m

antihistaminique m l'antistaminico m

anti-insecte: une crème anti-insecte una crema anti-insetto

antiquaire m (magasin) il negozio di antiquariato

août agosto

apéritif m l'aperitivo m

appareil m il dispositivo

appareil photo m la macchina fotografica

appartement m l'appartamento m

appartement de vacances m l'appartamento (per le vacanze)

appartenir appartenere

appeler chiamare; **je m'appelle Jean** mi chiamo Jean

appendicite f l'appendicite f

appétit m l'appetito m; **bon appétit !** buon appetito!

apporter portare

apprendre imparare

après dopo

après-demain dopodomani

après-midi m/f il pomeriggio

araignée f il ragno

arbre m l'albero m

arc-en-ciel m l'arcobaleno m

archéologie f l'archeologia f

arête f la lisca

argent m (pour payer) i soldi; (métal) l'argento m

armoire f l'armadio m

arôme m l'aroma m

arrêt m la fermata

arrêter (coupable) arrestare; **s'arrêter** fermarsi; **arrêtez ça !** smettila!

arrière m il posteriore

arrière posteriore

arrivée f l'arrivo m

arriver arrivare; *(se passer)* succedere

art *m* l'arte *f*

artificiel artificiale

artisanat *m* l'artigianato *m*

artiste *m/f* l'artista *m/f*

ascenseur *m* l'ascensore *m*

asperges *fpl* gli asparagi

aspirateur *m* l'aspirapolvere *m*

aspirine *f* l'aspirina *f*

asseoir: s'asseoir sedersi

assez (de) abbastanza

assiette *f* il piatto

assurance *f* l'assicurazione *f*

asthme *m* l'asma *f*

astucieux astuto

Atlantique *m* l'Atlantico *m*

attaque *f (cardiaque)* l'attacco cardiaco *m*

attendre aspettare; **attendez-moi !** mi aspetti!

attention ! attenzione!; **faites attention !** fate attenzione!

atterrir atterrare

attraper prendere

auberge de jeunesse *f* l'ostello della gioventù *m*

aubergine *f* la melanzana

au-dessus de sopra

audiophone *m* l'apparecchio acustico *m*

aujourd'hui oggi

aussi anche; **moi aussi** anche io; **aussi beau que** bello come

authentique autentico

autobus *m* l'autobus *m*

automatique automatico

automne *m* l'autunno *m*

automobile *f* la macchina

automobiliste *m* l'automobilista *m*

autoradio *m* l'autoradio *f*

autoroute *f* l'autostrada *f*

autre altro; **autre chose** qualcos'altro

Autriche *f* l'Austria *f*

autrichien austriaco

avaler ingoiare

avance: d'avance/en avance in anticipo

avant *m* il davanti

avant prima di

avant-hier l'altroieri

avec con

averse *f* il rovescio

aveugle cieco

avion *m* l'aereo *m*; **par avion** posta aerea

aviron *m* il remo; *(sport)* il canottaggio

avocat *m* l'avvocato *m*

avoir avere *(voir grammaire)*; **il y a** c'è; *(avec pluriel)* ci sono; **il y a trois jours** tre giorni fa

avril aprile

B

baby-sitter *m/f* il/la baby-sitter

bac *m (bateau)* il traghetto

bagages *mpl* bagagli *mpl*; **bagages à main** bagagli a mano; **faire ses bagages** fare le valigie

bagarre *f* la lite

bague *f* l'anello *m*

baigner: aller se baigner andare a fare una nuotata

baignoire *f* la vasca da bagno

bain *m* il bagno

baiser *m* il bacio
baladeur *m* il walkman®
balai *m* la scopa
balcon *m* il balcone
balle *f* la palla
ballon *m* la palla
banane *f* la banana
bande dessinée *f* la striscia di fumetti
banlieue *f* la periferia
banque *f* la banca
bar *m* il bar
barbe *f* la barba
barbecue *m* il barbecue
barman *m* il barman
barrière *f* lo steccato
bas *mpl* le calze
bas basso
bateau *m* la nave
bateau à rames *m* la barca a remi
bateau à vapeur *m* la nave a vapore
bateau à voile *m* la barca a vela
bâtiment *m* l'edificio *m*
batterie *f* la batteria
battre: se battre battersi
baume après-shampooing *m* il balsamo
baume pour les lèvres *m* la pomata per le labbra
beau bello; **il fait beau** è bel tempo
beaucoup molto; **beaucoup de vin/pays** molto vino/molti paesi
beau-fils *m* il genero
beau-frère *m* il cognato
beau-père *m (père du conjoint)* il suocero
bébé *m* il bambino
beige beige

belge belga
Belgique *f* il Belgio
belle-fille *f* la nuora
belle-mère *f (mère du conjoint)* la suocera
béquilles *fpl* le stampelle
besoin *m*: **j'ai besoin de...** ho bisogno di...
beurre *m* il burro
bibliothèque *f* la biblioteca
bicyclette *f* la bicicletta
bien bene
bien que sebbene
bien sûr naturalmente
bientôt presto
bienvenue ! benvenuto!
bière *f* la birra
bijouterie *f* la gioielleria
bijoux *mpl* i gioielli
bikini *m* il bikini
billet *m* il biglietto
billet de banque *m* la banconota
billet open *m* il biglietto aperto
bizarre strano
blaireau *m* il pennello da barba
blanc bianco
blanchisserie *f* la lavanderia
blessé ferito
blessure *f* la ferita
bleu *m (sur la peau)* il livido
bleu azzurro; *(steak)* al sangue
blond biondo
bœuf *m* il manzo
boire bere
bois *m (matière)* il legno
boisson *f* la bibita
boîte *f (en carton)* la scatola; *(de conserve)* la lattina
boîte à lettres *f* la buca delle lettere

boîte de nuit *f* il night
boîte de vitesses *f* la scatola del cambio
bol *m* la scodella
bombe *f* la bomba
bon buono
bonbon *m* la caramella
bonde *f* la spina
bondé affollato
bonjour buongiorno
bon marché a buon mercato
bonnet de bain *m* la cuffia da bagno
bonsoir buonasera
bord *m* il bordo; **au bord de la mer** al mare
botte *f* (*chaussure*) lo stivale; **bottes de caoutchouc** stivali di gomma
bottin® *m* la guida del telefono
bouche *f* la bocca
bouché bloccato
boucherie *f* la macelleria
boucles d'oreille *fpl* gli orecchini
bouée *f* la boa
bouger muovere
bougie *f* la candela
bouillir bollire
bouilloire (électrique) *f* il bollitore
boulangerie *f* la panetteria
boussole *f* la bussola
bouteille *f* la bottiglia
boutique hors taxes *f* il duty free
bouton *m* (*de vêtement*) il bottone; (*sur la peau*) il foruncolo
bracelet *m* il braccialetto
bras *m* il braccio
brique *f* il mattone

briquet *m* l'accendino *m*
broche *f* (*bijou*) la spilla
bronzage *m* l'abbronzatura *f*
bronzer: se faire bronzer prendere il sole
brosse *f* la spazzola
brosse à dents *f* lo spazzolino da denti
brouillard *m* la nebbia
bruit *m* il rumore
brûler bruciare
brûlure *f* la scottatura
brun marrone
brushing *m* l'asciugatura con föhn *f*
bruyant rumoroso
bureau *m* (*pièce*) l'ufficio *m*
butagaz *m* il butano

C

ça questo; **ça va ?** come va?; **ça va** va bene
cabas *m* la borsa della spesa
cabine *f* la cabina
cabine téléphonique *f* la cabina telefonica
cacahuètes *fpl* le noccioline americane
cacao *m* il cacao
cacher nascondere
cadeau *m* il regalo
cafard *m* (*insecte*) lo scarafaggio; **j'ai le cafard** mi sento un po' giù
café *m* (*bistro*) il bar; (*boisson*) il caffè
café crème *m* il caffellatte
caféine *f*: **sans caféine** decaffeinato
cahier *m* il taccuino

caisse f la cassa
calculette f il calcolatore
calendrier m il calendario
calmer: se calmer calmarsi
caméra f la macchina da presa
caméscope® m la videocamera
camion m il camion
camionnette f il furgone
campagne f la campagna
camping m il campeggio
Canada m il Canada
canadien canadese
canal m il canale
canard m l'anatra f
canif m il temperino
canoë m la canoa
caoutchouc m la gomma
capitaine m il capitano
capot m il cofano
car m la corriera
caravane f la roulotte
carburateur m il carburatore
carnet d'adresses m la rubrica
carnet de chèques m il libretto degli assegni
carotte f la carota
carte f la carta; (des mets) il menù
carte d'abonnement f la tessera di riduzione
carte de crédit f la carta di credito
carte d'embarquement f la carta d'imbarco
carte des vins f la lista dei vini
carte de visite f il biglietto da visita
carte Eurochèque f la carta eurocheque
carte postale f la cartolina
carton m (matière) il cartone; (boîte) la scatola

cascade f la cascata
casque m il casco
casquette f il berretto
cassé rotto
casse-croûte m lo spuntino
casser rompere
casserole f la pentola
cassette f la cassetta
cassette vidéo f la videocassetta
cathédrale f la cattedrale
catholique cattolico
cauchemar m l'incubo m
cause f la causa; **à cause de** a causa di
CD m il CD
ce questo, questa; (loin) quello, quella
ceci questo, ciò
ceinture f la cintura
ceinture de sécurité f la cintura di sicurezza
cela quello, ciò
célèbre famoso
célibataire m lo scapolo
célibataire (homme) celibe; (femme) nubile
cellophane® m la pellicola trasparente
celui-ci, f celle-ci questo, questa
celui-là, f celle-là quello, quella
cendrier m il portacenere
centigrade centigrado
centre m il centro
centre commercial m il centro commerciale
centre-ville m il centro della città
cerise f la cilegia
certificat m il certificato
ces questi, queste; (loin) quelli,

quelle

cette questo, questa; *(loin)* quello, quella

ceux-ci, f **celles-ci** questi, queste

ceux-là, f **celles-là** quelli, quelle

chaîne f la catena

chaise f la sedia

chaise longue f la sedia a sdraio

chaleur f il caldo

chambre f la stanza; **une chambre pour une personne/ deux personnes** una camera singola/doppia

chambre à air f la camera d'aria

chambre à coucher f la camera da letto

champ m il campo

champignons mpl i funghi

chance f la fortuna; **bonne chance !** buona fortuna!

changer cambiare; **se changer** cambiarsi; **changer de train** cambiare treno

chanson f la canzone

chanter cantare

chapeau m il cappello

chaque ciascuno; **chaque fois** ogni volta

chariot m il carrello

charter m il volo charter

chat m il gatto

château m il castello

chaud caldo; **il fait chaud** fa caldo

chaudière f lo scaldabagno

chauffage m il riscaldamento; **chauffage central** riscaldamento centrale

chauffe-eau m lo scaldabagno

chaussettes fpl i calzini

chaussures fpl le scarpe

chaussures de ski fpl gli scarponi da sci

chauve calvo

chemin m il sentiero

chemin de fer m la ferrovia

chemise f la camicia

chemise de nuit f la camicia da notte

chemisier m la camicetta

chèque m l'assegno m

chèque de voyage m il travellers cheque

chéquier m il libretto degli assegni

cher caro

chercher cercare

cheval m il cavallo

cheveux mpl i capelli

cheville f la caviglia

chèvre f la capra

chewing-gum m il chewing-gum

chez: chez Giulia da Giulia

chien m il cane

chips fpl le patatine

choc m lo shock

chocolat m il cioccolato; **chocolat au lait/à croquer** cioccolato al latte/fondente; **un chocolat chaud** una cioccolata calda

choisir scegliere

chômage m: **au chômage** disoccupato

chose f la cosa

chou m il cavolo

chou à la crème m la sfogliatina alla panna

chou-fleur m il cavolfiore

choux de Bruxelles mpl i cavoletti di Bruxelles

cidre m il sidro
ciel m il cielo
cigare m il sigaro
cigarette f la sigaretta
cimetière m il cimitero
cinéma m il cinema
cintre m la gruccia
cirage m il lucido per le scarpe
circulation f il traffico
ciseaux mpl le forbici
citron m il limone
clair chiaro; **bleu clair** blu chiaro
classe f la classe
clé f la chiave
clé anglaise f la chiave inglese
clignotant m il segnalatore
climat m il clima
climatisation f l'aria condizionata f
climatisé con aria condizionata
cloche f la campana
clou m il chiodo
club m il club
code de la route m il codice della strada
cœur m il cuore
coffre m (de voiture) il bagagliaio
cognac m il brandy
coiffeur m il parrucchiere
coin m l'angolo m
coincé bloccato
col m (de vêtement) il colletto; (de montagne) il passo
colis m il pacchetto
collant m il collant
colle f la colla
collection f la collezione
collier m la collana
colline f la collina
collision f l'incidente m

combien: combien de temps/ d'enfants ? quanto tempo/ quanti bambini?
commander ordinare
comme come; (parce que) siccome; **comme ceci** così; **comme ci comme ça** così così
commencer cominciare
comment come
commissariat m la stazione di polizia
compagnie aérienne f la linea aerea
compartiment m lo scompartimento
complet completo
complet m il completo
compliment m il complimento
compliqué complicato
comprendre capire
comprimé m la compressa
compris compreso; **tout compris** tutto compreso
comptant: payer comptant pagare in contante
compteur m (de voiture) il tachimetro
concert m il concerto
concessionnaire m il concessionario
concierge m/f il portinaio
concombre m il cetriolo
conducteur m, **conductrice** f il guidatore, la guidatrice
conduire guidare
confirmer dare conferma (di)
confiture f la marmellata
confortable comodo
congélateur m il freezer
connaître conoscere

conseiller consigliare
consigne f il deposito bagagli
constipé stitico
consulat m il consolato
contacter mettersi in contatto con
content contento
contraceptif m il contraccettivo
contractuel m il vigile urbano
contraire m il contrario
contre contro
coqueluche f la pertosse
coquetier m il portauovo
coquillage m la conchiglia
corde f la corda
cordonnier m il calzolaio
corps m il corpo
correct esatto
correspondance f (de trains) la coincidenza
corridor m il corridoio
côte f (de mer) la costa; (de corps) la costola
côté m il lato; **à côté de** vicino a
côtelette f la cotoletta
coton m il cotone
coton hydrophile m il cotone idrofilo
cou m il collo
couche f (de bébé) il pannolino
coucher: aller se coucher andare a letto
coucher de soleil m il tramonto
couchette f la cuccetta
coude m il gomito
coudre cucire
couette f il piumine
couler (bateau) affondare
couleur f il colore
couloir d'autobus la corsia

autobus
coup m il colpo; **tout à coup** di colpo
coup de soleil m la scottatura
coupe de cheveux f il taglio di capelli
coupe-ongles m il tagliaunghie
couper tagliare
coupure f il taglio
coupure de courant f l'interruzione della corrente f
courageux coraggioso
courant d'air m la corrente d'aria
courir correre
courrier m la posta
courrier électronique m la posta elettronica
courroie du ventilateur f la cinghia della ventola
cours de langues m il corso di lingua
cours du change m il tasso di cambio
court corto
cousin m, **cousine** f il cugino, la cugina
couteau m il coltello
coûter costare; **combien coûte... ?** quanto costa...?
coutume f il costume
couvercle m il coperchio
couverts mpl le posate
couverture f la coperta
crabe m il granchio
crampe f il crampo
crâne m il cranio
cravate f la cravatta
crayon m la matita
crèche f l'asilo nido m
crème f la panna

crème Chantilly *f* la panna montata

crème de beauté *f* la crema di bellezza

crème démaquillante *f* il latte detergente

crème hydratante *f* il prodotto idratante

crémerie *f* la latteria

crêpe *f* la crêpe

crevaison *f* la foratura

crevé: un pneu crevé una gomma a terra

crevette *f* il gambero

cric *m* il cric

crier gridare

crise cardiaque *f* l'infarto *m*

croire credere

croisement *m* il bivio

croisière *f* la crociera

cru crudo

crustacés *mpl* i frutti di mare

cuiller *f* il cucchiaio

cuir *m* il cuoio; *(fin)* la pelle

cuire cuocere

cuisine *f* la cucina

cuisinier *m* il cuoco

cuisinière *f (appareil)* la cucina

cuit: bien cuit/trop cuit ben/troppo cotto; **pas assez cuit** non abbastanza cotto

cyclisme *m* il ciclismo

cycliste *m/f* il/la ciclista

D

daim *m (cuir)* la pelle scamosciata

dame *f* la signora

danger *m* il pericolo

dangereux pericoloso

dans in

danse classique *f* il balletto

danse moderne *f* la danza moderna

danser ballare

date *f* la data

de di; **de Caen à Nice** da Caen a Nizza; **du vin** del vino; **des biscuits/bananes** dei biscotti/delle banane *(voir grammaire)*

début *m* l'inizio *m*

débutant *m*, **débutante** *f* il/la principiante

décembre dicembre

décider decidere

décoller decollare

déçu deluso

défectueux difettoso

défendu vietato

dégoûtant rivoltante

dehors fuori

déjà già

déjeuner *m* il pranzo

delco® *m* il distributore

délicieux delizioso

demain domani

demander chiedere

démangeaison *f* il prurito

démaquillant *m* il latte detergente

démaquillant pour les yeux *m* lo struccante per gli occhi

demi: un demi-litre/une demi-portion mezzo litro/mezza porzione; **une demi-heure** mezz'ora

demi-pension *f* la mezza pensione

demoiselle *f* la signorina

dent *f* il dente

dentier *m* la dentiera

dentifrice m il dentifricio
dentiste m il dentista
déodorant m il deodorante
départ m la partenza
dépêcher: se dépêcher sbrigarsi; **dépêche-toi !** sbrigati!
dépendre: ça dépend dipende
dépenser spendere
dépliant m il dépliant
dépression nerveuse f l'esaurimento nervoso m
déprimé depresso
depuis dopo; **depuis que** da quando
déranger disturbare; **ça vous dérange si... ?** le dispiace se...?
déraper scivolare
dernier ultimo; **l'année dernière** l'anno scorso
derrière m il sedere
derrière dietro; **derrière moi** dietro di me
des dei, degli, delle (voir DE et grammaire)
désagréable sgradevole
désastre m il disastro
descendre scendere
désinfectant m il disinfettante
désolé: je suis désolé mi scusi
dessert m il dolce
dessous sotto
détendre: se détendre rilassarsi
détester detestare
devant davanti a
développer sviluppare
devenir diventare
devoir dovere; **je dois** devo; **il doit** deve
diabétique diabetico
dialecte m il dialetto

diamant m il diamante
diapositive f la diapositiva
diarrhée f la diarrea
dictionnaire m il dizionario
Dieu m Dio m
différent diverso
difficile difficile
dimanche domenica
dinde f il tacchino
dîner m la cena
dîner cenare
dire dire
direct diretto
direction f la direzione; (auto) lo sterzo
discothèque f la discoteca
disparaître scomparire
disquaire m il negozio di dischi
disque m il disco
disque compact m il compact disc
disquette f il dischetto
dissolvant m l'acetone m
distance f la distanza
distributeur de billets m il bancomat
divorcé divorziato
docteur m il dottore
document m il documento
doigt m il dito
dommage: c'est dommage è un peccato
donner dare
dormir dormire
dos m la schiena
douane f la dogana
double doppio
doubler (en voiture) sorpassare
douche f la doccia
douleur f il dolore

douloureux doloroso

doux *(au toucher)* morbido; *(au goût)* dolce

drap *m* il lenzuolo; **les draps de lit** la biancheria da letto

drapeau *m* la bandiera

drogue *f* la droga

droit: tout droit avanti diritto

droite *f* la destra; **à droite (de)** a destra (di)

drôle buffo

du del, dello, della *(voir DE et grammaire)*

dunes *fpl* le dune

dur dur

duvet *m* il sacco a pelo

E

eau *f* l'acqua *f*; **eau potable** acqua potabile

eau de Javel *f* la varechina

eau de toilette *f* l'acqua di Colonia *f*

eau minérale *f* l'acqua minerale *f*

échanger scambiare

écharpe *f* la sciarpa

échelle *f* la scala a pioli

école *f* la scuola

école de langues *f* la scuola di lingue

écouter ascoltare

écrire scrivere

écrou *m* il dado

église *f* la chiesa

élastique *m* l'elastico *m*

élastique elastico

électricien *m* l'elettricista *m*

électricité *f* l'elettricità *f*

électrique elettrico

elle lei *(voir grammaire)*

elles loro *(voir grammaire)*

emballer incartare

embouteillage *m* l'ingorgo *m*

embranchement *m* la biforcazione

embrasser baciare

embrayage *m* la frizione

emmener *(en voiture)* dare un passaggio a

emporter prendere

emprunter prendere in prestito

en in; **en 1945** nel 1945

en bas di sotto

en haut di sopra

enceinte *(adjectif)* incinta

enchanté ! piacere!

encore ancora; **pas encore** non ancora

endommager danneggiare

endormi addormentato

enfant *m* il bambino

enfin finalmente

enflé gonfio

enlever togliere

ennuyeux *(désagréable)* seccante; *(lassant)* noioso

enregistrement des bagages *m* il check-in

enrhumé: je suis enrhumé ho il raffredore

enseignant *m*, **enseignante** *f* l'insegnante *m/f*

enseigner insegnare

ensemble insieme

ensoleillé assolato

ensuite dopo

entendre sentire

enterrement *m* il funerale

entier intero

entonnoir *m* l'imbuto *m*

entre fra

entrée *f* l'entrata *f*; *(de repas)* il primo piatto

entremets *m* il dolce

entrer entrare; **entrez !** avanti!

enveloppe *f* la busta

envie *f*: **j'ai envie de...** ho voglia di...

environ circa

envoyer mandare

épais spesso

épaule *f* la spalla

épice *f* la spezia

épicerie *f* il negozio di alimentari

épileptique epilettico

épinards *mpl* gli spinaci

épingle *f* lo spillo

épingle de nourrice *f* la spilla di sicurezza

épouse *f* la moglie

épouvantable spaventoso

équipage *m* l'equipaggio *m*

équipe *f* la squadra

équitation *f* l'equitazione *f*

erreur *f* lo sbaglio

escalade *f* il alpinismo

escalier *m* le scale

escargot *m* la lumaca

Espagne *f* la Spagna

espagnol spagnolo

espérer sperare

esquimau® *m* il ghiacciolo

essayer provare

essence *f* la benzina

essence sans plomb *f* la benzina senza piombo

essieu *m* il semiasse

essuie-glace *m* il tergicristallo

est *m* l'est *m*; **à l'est de** a est di

estomac *m* lo stomaco

et e

étage *m* il piano

étang *m* lo stagno

état *m* lo stato

Etats-Unis *mpl* gli Stati Uniti

été *m* l'estate *f*

éteindre spegnere

étendre: s'étendre stendersi

éternuer starnutire

étiquette *f* l'etichetta *f*

étoile *f* la stella

étonnant stupefacente

étranger *m* *(personne)* lo straniero; **à l'étranger** all'estero

étranger straniero

être essere *(voir grammaire)*

étroit stretto; *(vêtement)* attillato

étudiant *m*, **étudiante** *f* lo studente, la studentessa

eurochèque *m* l'eurochèque *m*

Europe *f* l'Europa *f*

européen europeo

eux loro *(voir grammaire)*

évanouir: s'évanouir svenire

évident evidente

évier *m* l'acquaio *m*

exagérer esagerare

excédent de bagages *m* il bagaglio in eccesso

excellent ottimo

excursion *f* la gita

excuser: s'excuser scusarsi; **excusez-moi** mi scusi

exemple *m* l'esempio *m*; **par exemple** per esempio

exiger esigere

expliquer spiegare

exposition *f* la mostra

exprès *(volontairement)*

volutamente; **par exprès** espresso
extincteur m l'estintore m
eye-liner m l'eye-liner m

F

face: en face de di fronte a
fâché arrabbiato
facile facile
facteur m il postino
faible debole
faim f: **j'ai faim** ho fame
faire fare; **ça ne fait rien** non importa
falaise f la scogliera
falloir: il faut que je/tu... devo/devi...
famille f la famiglia
fantastique fantastico
farine f la farina
fatigué stanco
fauché: je suis fauché sono al verde
faute f: **c'est de ma/sa faute** è colpa mia/sua
fauteuil roulant m la sedia a rotelle
faux falso
fax m il fax
félicitations ! congratulazioni!
féministe femminista
femme f la donna; *(épouse)* la moglie
femme de chambre f la cameriera
femme de ménage f la donna delle pulizie
fenêtre f la finestra
fer m il ferro
fer à repasser m il ferro da stiro

ferme f la fattoria
fermé chiuso
fermer chiudere; **fermer à clé** chiudere a chiave
fermeture éclair® f la cerniera lampo
ferry m la nave traghetto
fête f la festa
feu m il fuoco; **vous avez du feu ?** mi fa accendere?
feuille f la foglia
feux arrière mpl i fari posteriori
feux d'artifice mpl i fuochi d'artificio
feux de position mpl le luci di posizione
feux de signalisation mpl il semaforo
février febbraio
fiancé m, **fiancée** f il fidanzato, la fidanzata
fiancé fidanzato
ficelle f lo spago
fier fiero
fièvre f la febbre
fil m il filo
fil de fer m il filo di ferro
filet m *(viande)* il filetto
fille f la ragazza; *(de parents)* la figlia
film m il film
fils m il figlio
filtre m il filtro
fin f la fine
fin fine
fini finito
fixation f *(de ski)* l'attacco m
flash m il flash
fleur f il fiore
fleuriste m il fioraio

flirter flirtare
foie *m* il fegato
foire *f* la fiera
fois *f* la volta
fond *m* il fondo; **au fond de** in
fondo a
fond de teint *m* il fondotinta
fontaine *f* la fontana
football *m* il calcio
forêt *f* la foresta
forfait-skieurs *m* lo ski-pass
forme *f* la forma; **en forme** in
forma
formulaire *m* il modulo
fort forte
fou pazzo
foulard *m* il foulard
foule *f* la folla
**fouler: je me suis foulé la
cheville** mi sono slogato una
caviglia
four *m* il forno
fourchette *f* la forchetta
fourmi *f* la formica
fracture *f* la rottura
frais fresco
fraise *f* la fragola
framboise *f* il lampone
français francese
Français *m*, **Française** *f* il
francese, la francese; **les
Français** i francesi
France *f* la Francia
frapper colpire; *(à la porte)*
bussare
frein *m* il freno
frein à main *m* il freno a mano
freiner frenare
frère *m* il fratello
frigo *m* il frigo

frire friggere
frites *fpl* le patatine fritte
froid freddo; **il fait froid** fa
freddo
fromage *m* il formaggio
front *m* la fronte
frontière *f* il confine
fruits *mpl* la frutta
fruits de mer *mpl* i frutti di mare
fuite *f (d'eau, etc.)* la perdita
fumée *f* il fumo
fumer fumare
fumeurs *(compartiment)*
fumatori
furieux furioso
fusible *m* il fusibile
fusil *m* il fucile
futur *m* il futuro

G

gagner *(être gagnant)* vincere
galerie *f (de voiture)* il
portapacchi
gants *mpl* i guanti
garage *m* il garage
garantie *f* la garanzia
garçon *m (enfant)* il ragazzo;
(serveur) il cameriere
garder tenere
gare *f* la stazione
garer: se garer parcheggiare
gare routière *f* la stazione degli
autobus
gas-oil *m* il diesel
gâteau *m* la torta; **un petit
gâteau** un biscotto
gauche *f* la sinistra; **à gauche
(de)** a sinistra (di)
gaucher mancino

gay gaio
gaz *m* il gas
gazeux frizzante
gel *m* il gelo; *(de douche, etc.)* il gel
gênant imbarazzante
genou *m* il ginocchio
gens *mpl* la gente
gentil gentile
gibier *m* la selvaggina
gilet *m* il golf aperto
gin *m* il gin
gin-tonic *m* il gin-tonic
glace *f (eau gelée)* il ghiaccio; *(à manger)* il gelato
glaçon *m* il cubetto di ghiaccio
glissant scivoloso
gomme *f* la gomma
gondole *f* la gondola
gorge *f* la gola
goût *m* il gusto
goûter *(verbe)* assaggiare
goutte *f* la goccia
gouvernement *m* il governo
grammaire *f* la grammatica
grand grande
Grande-Bretagne *f* la Gran Bretagna
grand magasin *m* il grande magazzino
grand-mère *f* la nonna
grand-père *m* il nonno
gras *m* il grasso
gras grasso
gratuit gratuito
grec greco
Grèce *f* la Grecia
grêle *f* la grandine
grillé alla griglia
grippe *f* l'influenza *f*

gris grigio
gros grosso; *(personne)* grasso
grossier sgarbato
grotte *f* la grotta
groupe *m* il gruppo
groupe sanguin *m* il gruppo sanguigno
guêpe *f* la vespa
guerre *f* la guerra
gueule de bois *f* i postumi della sbornia
guichet *m* la biglietteria; *(théâtre)* il botteghino
guide *m* la guida
guide de conversation *m* il frasario
guitare *f* la chitarra

H

habiller vestir; **s'habiller** vestirsi
habiter abitare
habitude *f* l'abitudine *f*; **d'habitude** di solito
habituel solito
hache *f* l'ascia *f*
hamburger *m* l'hamburger *m*
hanche *f* il fianco
handicapé invalido
haricots *mpl* i fagioli; **haricots verts** fagiolini verdi
hasard *m*: **par hasard** per caso
haut alto
hélicoptère *m* l'elicottero *m*
hémorroïdes *fpl* le emorroidi
herbe *f* l'erba *f*; **fines herbes** erbe odorose
heure *f* l'ora *f*; **à 5 heures du matin/3 heures de l'après-midi/ 11 heures du soir** alle 5 del

mattino/3 del pomeriggio/11 di sera; **quelle heure est-il ?** che ore sono?; **à l'heure** *(personne)* puntuale

heureusement fortunatamente

heureux felice

hier ieri

histoire *f* la storia

hiver *m* l'inverno *m*

hobby *m* l'hobby *m*

Hollande *f* l'Olanda *f*

homard *m* l'aragosta *f*

homme *m* l'uomo *m*

homosexuel omosessuale

honnête onesto

honteux pieno di vergogna

hôpital *m* l'ospedale *m*

hoquet *m* il singhiozzo

horaire *m* l'orario *m*

horloge *f* l'orologio *m*

horrible orribile

hors-bord *m* il motoscafo

hors service fuori servizio

hors taxes esente da tasse

hospitalité *f* l'ospitalità *f*

hôtel *m* l'albergo *m*

hôtesse de l'air *f* la hostess

huile *f* l'olio *m*

huile d'olive *f* l'olio d'oliva *m*

huile solaire *f* l'olio solare *m*

huître *f* l'ostrica *f*

humeur *f* l'umore *m*

humide umido

humour *m* l'umorismo *m*

hydrofoil *m* l'aliscafo

hypermarché *m* l'ipermercato

I

ici qui

idée *f* l'idea *f*

idiot *m*, **idiote** *f* l'idiota *m/f*

il lui *(voir grammaire)*

île *f* l'isola *f*

ils loro *(voir grammaire)*

immédiatement immediatamente

imperméable *m* l'impermeabile *m*

important importante

impossible impossibile

imprimé *m* la stampa

incroyable incredibile

indépendant indipendente

indicatif *m (téléphonique)* il prefisso

indice de protection *m* il fattore di protezione

indigestion *f* l'indigestione *f*

industrie *f* l'industria *f*

infection *f* l'infezione *f*

infirmière *f* l'infermiera *f*

informations *fpl* le informazioni; *(média)* le notizie

infusion *f* la tisana

innocent innocente

insecte *m* l'insetto *m*

insolation *f* il colpo di sole

insomnie *f* l'insonnia *f*

instrument de musique *m* lo strumento musicale

insupportable insopportabile

intelligent intelligente

interdit proibito

intéressant interessante

intérieur: à l'intérieur dentro

interrupteur *m* l'interruttore *m*

intoxication alimentaire f
 l'intossicazione alimentare f
invitation f l'invito m
invité m l'ospite m
inviter invitare
Irlande f l'Irlanda f
Italie f l'Italia f
italien italiano
Italien m, **Italienne** f l'italiano m,
 l'italiana f; **les Italiens** gli italiani
itinéraire m il tragitto
ivre ubriaco

J

jaloux geloso
jamais mai
jambe f la gamba
jambon m il prosciutto
janvier gennaio
jardin m il giardino
jauge f la spia
jaune giallo
jazz m il jazz
je io (voir grammaire)
jean m i jeans
jeter buttare; (à la poubelle)
 buttare via
jeu m il gioco
jeudi giovedì
jeune giovane
jogging m il jogging
joli grazioso
jouer giocare
jouet m il giocattolo
jour m il giorno
jour férié m il giorno festivo
journal m il giornale
journée f la giornata

juif ebreo
juillet luglio
juin giugno
jumeaux mpl i gemelli
jupe f la gonna
jus m il succo
jus d'orange m il succo d'arancia
jusqu'à (ce que) finché
juste giusto

K

kilo m il chilo
kilomètre m il chilometro
klaxon m il clacson
kleenex® mpl i fazzolettini di carta
K-way® m la giacca a vento

L

la (article) il, lo, la; (pronom) lo, la
 (voir grammaire)
là là
là-bas laggiù
lac m il lago
lacets mpl le stringhe
laid brutto
laine f la lana
laisser lasciare
lait m il latte
lait solaire m il latte solare
lait après-soleil m la crema
 doposole
laitue f la lattuga
lame de rasoir f la lametta
lampe f la lampada
lampe de poche f la torcia
 elettrica
lancer gettare

landau *m* la carrozzina
langouste *f* l'aragosta *f*
langoustines *fpl* gli scampi
langue *f* la lingua
lapin *m* il coniglio
laque *f* la lacca per capelli
lard *m* la pancetta
large largo
lavabo *m* il lavabo
laver lavare; **se laver** lavarsi
lave-vaisselle *m* *(liquide)* il
  detersivo liquido per i piatti
laverie *f* la lavanderia
laxatif *m* il lassativo
le *(article)* il, lo, la; *(pronom)* lo, la
  (voir grammaire)
leçon *f* la lezione
lecteur de cassettes *m* il
  mangianastri
lecteur de disques compacts *m*
  il lettore compact
léger leggero
légumes *mpl* le verdure
légumes sautés *mpl* le verdure al
  salto
lent lento
lentement lentamente
lentilles de contact *fpl* le lenti a
  contatto
lentilles dures *fpl* le lenti rigide
lentilles semi-rigides *fpl* le lenti
  semi-rigide
lentilles souples *fpl* le lenti
  morbide
les *(article)* i, gli, le; *(pronom)*
  loro, li *(voir grammaire)*
lesbienne *f* la lesbica
lessive *f* *(en poudre)* il detersivo
  per bucato; *(à faire)* il bucato
lettre *f* la lettera

leur loro *(voir grammaire)*
lever: se lever alzarsi
levier de vitesses *m* la leva del
  cambio
lèvre *f* il labbro
lézard *m* la lucertola
librairie *f* la libreria
libre libero
lime à ongles *f* la lima per le
  unghie
limitation de vitesse *f* il limite di
  velocità
limonade *f* la limonata
lingerie *f* la biancheria intima (da
  donna)
linge sale *m* la biancheria da
  lavare
liqueur *f* il liquore
liquide: en liquide in contante
lire leggere
liste *f* la lista
lit *m* il letto; **un lit pour une
  personne/deux personnes** un
  letto a una piazza/due piazze;
  des lits superposés letti a
  castello
lit de camp *m* la branda
lit d'enfant *m* il lettino
litre *m* il litro
living *m* la sala
livre *m* il libro
location de voitures *f* il noleggio
  di automobili
locomotive *f* la locomotiva
logement *m* l'alloggio *m*
loger alloggiare
loi *f* la legge
loin lontano; **plus loin** più avanti;
  c'est loin d'ici ? è distante?
long lungo

longtemps tanto tempo
longueur *f* la lunghezza
lorsque quando
lotion *f* la lozione
louer noleggiare; *(maison)* affittare; **à louer** affittasi
lourd pesante; *(nourriture)* sostanzioso
loyer *m* l'affitto *m*
lui lui, gli, le *(voir grammaire)*
lumière *f* la luce
lundi lunedì
lune *f* la luna
lunettes *fpl* gli occhiali
lunettes de soleil *fpl* gli occhiali da sole
Luxembourg *m* Lussemburgo
luxembourgeois lussemburghese
Lyon Lione

M

M Sig.
ma mio, mia *(voir grammaire)*
machine à laver *f* la lavatrice
macho macho
mâchoire *f* la mascella
Madame Signora
Mademoiselle Signorina
magasin *m* il negozio
magasin de produits diététiques *m* il negozio di cibi naturali
magazine *m* la rivista
magnétoscope *m* il videoregistratore
mai maggio
maigre mingherlino
maillot de bain *m* il costume da bagno

main *f* la mano
maintenant adesso
mairie *f* il municipio
mais ma
maison *f* la casa; **à la maison** a casa; **fait maison** fatto in casa
mal *m*: **j'ai mal ici** mi fa male qui; **mal à la gorge/tête** mal di gola/testa; **mal de mer** il mal di mare; **j'ai le mal du pays** ho nostalgia di casa
mal male; **je me sens mal** non mi sento bene
malade malato
maladie *f* la malattia
maladie vénérienne *f* la malattia venerea
malentendu *m* l'equivoco *m*
malheureusement sfortunatamente
maman *f* la mamma
manger mangiare
manquer mancare
manteau *m* il cappotto
maquillage *m* il trucco
marchand de légumes *m* il fruttivendolo
marché *m* il mercato
marche arrière *f* la retromarcia
marcher *(à pied)* camminare; **ça ne marche pas** non funziona
mardi martedì
marée *f* la marea
margarine *f* la margarina
mari *m* il marito
mariage *m* il matrimonio
marié sposato
marre: j'en ai marre (de) sono stufo (di)
marron *m* la castagna

marron marrone
mars marzo
Marseille Marsiglia
marteau *m* il martello
mascara *m* il mascara
match *m* il match
matelas *m* il materasso
matin *m* la mattina
mauvais cattivo
mayonnaise *f* la maionese
me me, mi *(voir grammaire)*
mécanicien *m* il meccanico
médecin *m* il medico
médicament *m* la medicina
médiéval medievale
Méditerranée *f* il Mediterraneo
méduse *f* la medusa
meilleur migliore
mélanger mischiare
melon *m* il melone
même stesso; **même les hommes/même si** persino gli uomini/anche se
mentir mentire
menton *m* il mento
menu *m (du jour)* il menù
mer *f* il mare
merci grazie
mercredi mercoledì
mère *f* la madre
merveilleux meraviglioso
mes miei, mie *(voir grammaire)*
message *m* il messaggio
messe *f* la messa
métal *m* il metallo
météo *f* le previsioni del tempo
métier *m* il mestiere
mètre *m* il metro
métro *m* la metropolitana
mettre mettere

meubles *mpl* i mobili
micro-ondes *m* il forno a microonde
midi mezzogiorno
miel *m* il miele
mien mio *(voir grammaire)*
mieux meglio
milieu *m* il mezzo
milk-shake *m* il frappé
mince snello
minuit mezzanotte
minute *f* il minuto
miroir *m* lo specchio
Mlle Sig.rina
Mme Sig.ra
mobylette *f* il motorino
mode *f* la moda; **à la mode** di moda
moderne moderno
moi io, me *(voir grammaire)*
moins meno; **au moins** almeno
mois *m* il mese
moitié *f* la metà
mon mio, mia *(voir grammaire)*
monde *m* il mondo; **tout le monde** tutti
moniteur *m* il maestro
monnaie *f* gli spiccioli
monsieur *m* il signore; **Monsieur** Signore
montagne *f* la montagna
mont Blanc *m* Monte Bianco *m*
monter salire
montre *f* l'orologio *m*
montrer far vedere
monument *m* il monumento
moquette *f* il tappeto
morceau *m* il pezzo
morsure *f* il morso
mort *f* la morte

mort morto
mot *m* la parola
moteur *m* il motore
moto *f* la motocicletta
mouche *f* la mosca
mouchoir *m* il fazzoletto
mouette *f* il gabbiano
mouillé umido
moules *fpl* le cozze
mourir morire
mousse à raser *f* la schiuma da barba
mousse coiffante *f* la spuma per capelli
moustache *f* i baffi
moustique *m* la zanzara
moutarde *f* la senape
mouton *m* la pecora
moyen âge *m* il Medio Evio
mur *m* il muro
mûr maturo
mûre *f* la mora
muscle *m* il muscolo
musée *m* il museo
musée d'art *m* la galleria d'arte
musique *f* la musica; **musique classique/folk/pop** musica classica/folk/pop
myope miope

N

nager nuotare
nappe *f* la tovaglia
natation *f* il nuoto
nationalité *f* la nazionalità
nature *f* la natura
naturel naturale
navette de l'aéroport *f* l'autobus dell'aeroporto
né nato
nécessaire necessario
négatif *m* la negativa
neige *f* la neve
nerveux nervoso
nettoyer pulire
neuf *(nouveau)* nuovo
neveu *m* il nipote
névrosé nevrotico
nez *m* il naso
ni... ni... né... né...
Nice Nizza
nièce *f* la nipote
Noël il Natale; **joyeux Noël !** Buon Natale!
noir nero
noisette *f* la nocciola
noix *f* la noce
nom *m* il nome
nom de famille *m* il cognome
nom de jeune fille *m* il nome da ragazza
non no
non-fumeurs non fumatori
nord *m* il nord; **au nord de** a nord di
normal normale
note *f* *(addition)* il conto
nos nostri, nostre *(voir grammaire)*
notre nostro, nostra *(voir grammaire)*
nôtre nostro *(voir grammaire)*
nourriture *f* il cibo
nous noi, ci *(voir grammaire)*
nouveau nuovo; **de nouveau** di nuovo
Nouvel An *m* l'anno nuovo *m*
nouvelles *fpl* le notizie

novembre novembre
nu nudo
nuage *m* la nuvola
nuageux nuvoloso
nuit *f* la notte; **bonne nuit** buona notte
nulle part da nessuna parte
numéro *m* il numero
numéro de téléphone *m* il numero di telefono

O

objectif *m* l'obiettivo *m*
objets trouvés *mpl* l'ufficio oggetti smarriti *m*
obtenir prendere
obturateur *m* l'otturatore *m*
occasion: d'occasion di seconda mano
occupé occupato
occuper: s'occuper de occuparsi di
octobre ottobre
odeur *f* l'odore *m*
œil *m* l'occhio *m*
œuf *m* l'uovo *m*; **œuf dur/à la coque** uovo sodo/alla coque
œufs brouillés *mpl* le uova strapazzate
offrir offrire; *(cadeau)* regalare
oie *f* l'oca *f*
oignon *m* la cipolla
oiseau *m* l'uccello *m*
olive *f* l'oliva *f*
ombre *f* l'ombra *f*
ombre à paupières *f* l'ombretto *m*
omelette *f* l'omelette *f*
on: on peut... ? si può...?

oncle *m* lo zio
ongle *m* l'unghia *f*
opéra *m* l'opera *f*
opération *f* l'operazione *f*
opticien *m* l'ottico *m*
optimiste ottimista
or *m* l'oro *m*
orage *m* il temporale
orange *f* l'arancia *f*
orchestre *m* l'orchestra *f*
ordinateur *m* il computer
ordinateur portable *m* il computer portatile
ordonnance *f* la ricetta medica
ordures *fpl* i rifiuti
oreille *f* l'orecchio *m*
oreiller *m* il cuscino
organe *m* l'organo *m*
organiser organizzare
orteil *m* il dito del piede
os *m* l'osso *m*
oser osare
ou o
où dove
oublier dimenticare
ouest *m* l'ovest *m*; **à l'ouest de** a ovest di
oui sì
outil *m* l'utensile *m*
ouvert aperto
ouvre-boîte *m* l'apriscatole *m*
ouvre-bouteille *m* l'apribottiglie *m*
ouvrir aprire

P

pagaille *f* la confusione
page *f* la pagina

pain m il pane; **pain blanc/complet** pane bianco/integrale
paire f il paio
palais m il palazzo
pamplemousse m il pompelmo
panier m il cestino
panique f il panico
panne f il guasto; **tomber en panne** restare in panne
panneau de signalisation m il segnale stradale
pansement m la fasciatura
pansement adhésif m il cerotto
pantalon m i pantaloni
pantoufles fpl le pantofole
papa m il papà
papeterie f il cartolaio
papier m la carta
papier à lettres m la carta da lettere
papier d'argent m la stagnola
papier d'emballage m la carta da pacchi
papier hygiénique m la carta igienica
papillon m la farfalla
Pâques la Pasqua
paquet m il pacco
par da; *(à travers, au moyen de)* per
parapluie m l'ombrello m
parc m il parco
parce que perché
parcmètre m il parchimetro
pardon mi scusi
pare-brise m il parabrezza
pare-chocs m il paraurti
pareil stesso
parents mpl i genitori
paresseux pigro

parfait perfetto
parfois qualche volta
parfum m il profumo
Paris Parigi
parking m il parcheggio
parler parlare
parmi tra
partager spartire
partie f la parte
partir partire
partout dapertutto
pas non; **je ne suis pas fatigué** non sono stanco; **il n'y a pas de sucre** non c'è zucchero
passage à niveau m il passaggio a livello
passage clouté m l'attraversamento pedonale m
passager m il passeggero
passage sous-terrain m il sottopassaggio
passeport m il passaporto
passionnant appassionante
pastilles pour la gorge fpl le pastiglie per la gola
pâté m il pâté
pâtes fpl la pasta
pâtisserie f *(magasin)* la pasticceria; *(gâteau)* il pasticcino
patron m il capo
pauvre povero
payer pagare
pays m il paese
paysage m il paesaggio
PCV m la telefonata a carico del destinatario
peau f la pelle
pêche f la pesca
pédale f il pedale
peigne m il pettine

peindre dipingere
pelle f la vanga
pellicule couleur f la pellicola a colori
pelouse f il prato all'inglese
pendant durante; **pendant que** mentre
pénicilline f la penicillina
pénis m il pene
penser pensare
pension f la pensione
pension complète f la pensione completa
perdre perdere
père m il padre
permanente f la permanente
permettre permettere
permis m il permesso
permis permesso
permis de conduire m la patente
personne (nul) nessuno
personne f la persona
petit piccolo
petit déjeuner m la colazione
petit pain m il panino
petits pois mpl i piselli
peu: peu de touristes pochi turisti; **un peu (de)** un po' (di)
peur f la paura; **j'ai peur** ho paura
peut-être forse
phallocrate m lo sporco maschilista
phare m il faro
pharmacie f la farmacia
photographe m il fotografo
photographie f la fotografia
photographier fotografare
photomètre m l'esposimetro m
pickpocket m il borsaiolo
pièce f (monnaie) la moneta; (de maison) la stanza
pièce de théâtre f il dramma
pièces de rechange fpl i pezzi di ricambio
pied m il piede; **à pied** a piedi
pierre f la pietra
piéton m il pedone
pile f la batteria
pilote m il pilota
pilule f la pillola
pince f le pinze
pince à épiler f le pinzette
pince à linge f la molletta da bucato
pinceau m il pennello
ping-pong m il ping-pong
pipe f la pipa
piquant (goût) piccante
pique-nique m il picnic
piquer pungere
piqûre f (d'insecte) la puntura; (médicale) l'iniezione f
pire peggio
piscine f la piscina
piste de ski f il campo da sci
pizza f la pizza
place f (assise) il posto; (esplanade) la piazza
plafond m il soffitto
plage f la spiaggia
plaindre: se plaindre lamentarsi
plaire piacere; **ça me plaît** mi piace; **s'il vous plaît** per favore
plaisanterie f lo scherzo
plan m la pianta
planche à voile f la tavola a vela; (activité) il windsurf
plancher m il pavimento
plante f la pianta
plaque minéralogique f la targa

plastique m la plastica
plat m piatto
plat piatto
plateau m il vassoio
plein pieno
pleurer piangere
pleuvoir piovere; **il pleut** piove
plombage m l'otturazione f
plombier m l'idraulico m
plongée sous-marine f
   l'immersione f
plonger tuffarsi
pluie f la pioggia
plupart: la plupart de la maggior
   parte di
plus più; **plus que** più di; **moi non
   plus** neanche io
plusieurs parecchi
plutôt piuttosto
pneu m il pneumatico
pneumonie f la polmonite
poche f la tasca
poêle f la padella
poids m il peso
poignée f la maniglia
poignet m il polso
poire f la pera
poireau m il porro
poison m il veleno
poisson m il pesce
poissonnerie f la pescheria
poitrine f il petto
poivre m il pepe
poivron m il peperone
poli educato
police f la polizia
politique f la politica
politique politico
pollué inquinato
pommade f l'unguento m

pomme f la mela
pomme de terre f la patata
pompiers mpl i vigili del fuoco
poney m il pony
pont m il ponte; (de bateau) il
   ponte di coperta
porc m il maiale
port m il porto
porte f la porta; (d'aéroport)
   l'uscita f
porte-bébé m il porte-enfant
porte-documents m la cartella
portefeuille m il portafoglio
porte-monnaie m il borsellino
porter portare
portier m il portiere
portion f la porzione
porto m il porto
possible possibile
poste f l'ufficio postale m
poster (envoyer) spedire per posta
poster m il poster
poste restante f il fermo posta
pot m la brocca
potage m la zuppa
pot d'échappement m il tubo di
   scappamento
poubelle f la pattumiera
poule f la gallina
poulet m il pollo
poulpe m la piovra
poumons mpl i polmoni
poupée f la bambola
pour per
pourboire m la mancia
pour cent per cento
pourquoi perché
pourri marcio
pousser springere
poussette f il passeggino

pouvoir m il potere

pouvoir potere; **je peux** posso; **il peut** può

pratique pratico

prêter prestare

préféré preferito

préférer preferire

premier m *(étage)* il primo piano

premier primo

première f *(classe)* la prima classe

premiers secours mpl il pronto soccorso

prendre prendere

prénom m il nome di battesimo

préparer preparare

près de vicino a

présenter presentare

préservatif m il preservativo

presque quasi

pressing m il lavasecco

prêt pronto

prêtre m il prete

principal principale

printemps m la primavera

priorité f la precedenza

prise f *(de courant)* la spina; *(boîtier)* la presa

prise multiple f la presa multipla

prison f la prigione

privé privato

prix m *(de quelque chose)* il prezzo; *(récompense)* il premio

probablement probabilmente

problème m il problema

prochain prossimo

produits de beauté mpl i cosmetici

profond profondo

programme m il programma

promenade f la passeggiata

promener: aller se promener andare a fare una passeggiata

promettre promettere

prononcer pronunciare

propre pulito

propriétaire m il proprietario

prospectus m l'opuscolo m

protège-couches mpl i proteggi-pannolino

protéger proteggere

protestant protestante

prudent attento

prune f la prugna

public pubblico

public m il pubblico

puce f la pulce

puis allora

pull(over) m il maglione

punk punk

pyjama m il pigiama

Q

quai m *(de gare)* il binario; *(de port)* il molo

qualité f la qualità

quand quando

quand même comunque

quart m il quarto

quartier m il quartiere

que: plus laid que più brutto di; **je pense que...** penso che...; **qu'est-ce que... ?** che...?; **je ne fume que...** fumo solamente...

quel quale

quelque chose qualcosa

quelque part da qualche parte

quelqu'un qualcuno

question *f* la domanda
queue *f* (*d'animal*) la coda;
(*d'attente*) la fila
qui: la personne qui la persona
che; **qui ?** chi?
quincaillerie *f* il negozio di
ferramenta
quinzaine *f* quindici giorni
quoi ? cosa?

R

raccourci *m* la scorciatoia
radiateur *m* il radiatore
radio *f* la radio; (*rayons X*) la
radiografia
raide ripido
raisin *m* l'uva *f*
raisonnable sensato
rallonge *f* la prolunga
rapide veloce
rare raro
raser: se raser farsi la barba
rasoir *m* il rasoio
rat *m* il ratto
rater (*train, etc.*) perdere
ravissant bellissimo
rayon *m* (*de vélo*) il raggio
réception *f* la ricezione
réceptionniste *m/f* il/la
receptionist
recette *f* la ricetta
receveur *m* il bigliettaio
recevoir ricevere
recommander consigliare
reconnaissant grato
reconnaître riconoscere
reçu *m* la ricevuta
regarder guardare

régime *m* la dieta
région *f* la zona
règles *fpl* le mestruazioni
rein *m* il rene
reine *f* la regina
religion *f* la religione
rembourser rimborsare
remercier ringraziare
remonte-pente *m* lo ski-lift
remorque *f* il rimorchio
remplir riempire
rencontrer incontrare
rendez-vous *m* l'appuntamento *m*
rendre (*restituer*) restituire
renseignement *m*
l'informazione *f*
renseignements *mpl* (*bureau*) il
banco delle informazioni
rentrer à la maison tornare a casa
renverser rovesciare; (*voiture*)
investire
réparer riparare
repas *m* il pasto
repasser stirare
répéter ripetere
répondre rispondere
réponse *f* la risposta
reposer: se reposer riposarsi
représentant *m* il rappresentante
requin *m* lo squalo
réservation *f* la prenotazione
réserver prenotare
réservoir *m* il serbatoio
respirer respirare
responsable responsabile
ressembler à rassomigliare a
ressort *m* la molla
restaurant *m* il ristorante
reste *m* il resto
rester fermare

retard *m* il ritardo; **en retard** tardi

retraité *m* il pensionato

rétroviseur *m* lo specchietto retrovisore

réunion *f* la riunione

rêve *m* il sogno

réveil *m* la sveglia

réveillé sveglio

réveiller svegliare; **se réveiller** svegliarsi

revenir tornare

revoir: au revoir arrivederci

rez-de-chaussée *m* il piano terra

rhum *m* il rum

rhumatismes *mpl* i reumatismi

rhume *m* il raffreddore

rhume des foins *m* la febbre da fieno

riche ricco

rideau *m* la tenda

ridicule ridicolo

rien niente

rire ridere

rivage *m* la sponda

rivière *f* il fiume

riz *m* il riso

robe *f* il vestito

robe de chambre *f* la vestaglia

robinet *m* il rubinetto

rocher *m* la roccia

rock *m* il rock

roi *m* il re

roman *m* il romanzo

rond rotondo

ronfler russare

rose *f* la rosa

rose rosa

rosé *m* il rosé

roue *f* la ruota

roue de secours *f* la gomma di scorta

rouge *(couleur)* rosso

rouge à lèvres *m* il rossetto

rougeole *f* il morbillo

route *f* la strada

roux rosso di capelli

ruban adhésif *m* il nastro adesivo

rubéole *f* la rosolia

rue *f* la strada

ruines *fpl* le rovine

ruisseau *m* il ruscello

S

sa suo, sua *(voir grammaire)*

sable *m* la sabbia

sac *m* la borsa; **un sac en plastique** un sacchetto di plastica

sac à dos *m* lo zaino

sac à main *m* la borsetta

sac de couchage *m* il sacco a pelo

sac poubelle *m* lo sacchetto per la pattumiera

saigner sanguinare

saison *f* la stagione; **en haute saison** in alta stagione

salade *f* l'insalata *f*

sale sporco

salé salato

salle à manger *f* la sala da pranzo

salle d'attente *f* la sala d'attesa

salle de bain *f* il bagno

salon *m* il soggiorno

salon d'essayage *m* il camerino di prova

samedi sabato

sandales *fpl* i sandali

sandwich *m* il sandwich
sang *m* il sangue
sans senza
santé *f* la salute; **santé !** salute!;
 bon pour la santé sano
sardine *f* la sardina
sauce *f* la salsa
saucisse *f* la salsiccia
sauf eccetto
saumon *m* il salmone
sauna *m* la sauna
sauter saltare
sauvage selvaggio
savoir sapere; **je ne sais pas** non
 lo so
savon *m* il sapone
scandaleux scandaloso
science *f* la scienza
seau *m* il secchio
sec asciutto
sèche-cheveux *m* il föhn
sécher asciugare
seconde *f (de temps)* il secondo;
 (classe) la seconda classe
secours *m* aiuto *m*; **au secours !**
 aiuto!
secret segreto
sécurité *f*: **en sécurité** al sicuro
séduisant attraente
sein *m* il seno
séjour *m* il soggiorno
sel *m* il sale
self-service *m* il self-service
sels de bain *mpl* i sali da bagno
semaine *f* la settimana
semblable simile
semelle *f* la suola
sens *m (direction)* la direzione
sensible sensibile
sentier *m* il sentiero

sentiment *m* il sentimento
sentir sentire; *(avec le nez)*
 sentire odore di; **je me sens
 bien/mal** mi/non mi sento bene
séparé separato
séparément separatamente
septembre settembre
sérieux serio
serpent *m* il serpente
serrure *f* la serratura
serveuse *f* la cameriera
service *m* il servizio
serviette *f (porte-documents)* la
 cartella; *(de table)* il tovagliolo
serviette de bain *f*
 l'asciugamano *m*
serviette hygiénique *f*
 l'assorbente *m*
servir *(repas)* servire
ses suoi, sue *(voir grammaire)*
seul solo
seulement solo
sexe *m* il sesso
sexiste sessista
sexy sexy
shampooing *m* lo shampoo
shopping *m* le compere;
 faire du shopping andare a fare
 le compere
shorts *mpl* i calzoncini
si *(condition)* se; *(mais oui)* sì; **si
 beau** così bello
SIDA *m* l'aids *m*
siècle *m* il secolo
siège *m* il posto
sien suo *(voir grammaire)*
signer firmare
signifier significare
silence *m* il silenzio
simple semplice

sincère sincero

sinon altrimenti

ski *m* lo sci

skier sciare

ski nautique *m* lo sci d'acqua

slip *m* le mutande

slip de bain *m* i pantaloncini da bagno

société *f (compagnie)* la ditta; *(communauté)* la società

sœur *f* la sorella

soie *f* la seta

soif *f* la sete; **j'ai soif** ho sete

soir *m* la sera; **ce soir** stasera

soirée *f* la serata

soit... soit... sia... sia...

soldes *mpl* i saldi

soleil *m* il sole

solution de trempage *f* la soluzione salina per lenti

sombre scuro

sommeil *m* il sonno

somnifère *m* il sonnifero

son suo, sua *(voir grammaire)*

sonnette *f* il campanello

sortie *f* l'uscita *f*

sortie de secours *f* l'uscita di sicurezza *f*

sortir uscire

souci *m* la preoccupazione; **se faire du souci (pour)** preoccuparsi (per)

soucoupe *f* il piattino

soudain improvvisamente

souhait: à vos souhaits ! salute!

soupe *f* la zuppa

sourcil *m* il sopracciglio

sourd sordo

sourire sorridere

souris *f* il topo

sous sotto

sous-sol *m* il seminterrato

sous-titre *m* lo sottotitolo

sous-vêtements *mpl* la biancheria intima

soutien-gorge *m* il reggiseno

souvenir: se souvenir de ricordarsi di

souvenir *m* il souvenir

souvent spesso

spécialement specialmente

spécialité *f* la specialità

sport *m* lo sport

starter *m* lo starter

stationner parcheggiare

station-service *f* la stazione di servizio

steak *m* la bistecca

stérilet *m* il contracettivo intrauterino

steward *m* lo steward

stop *m* l'autostop

studio *m (appartement)* il monolocale

stupide stupido

stylo (à bille) *m* la biro

stylo-feutre *m* il pennarello

succès *m* il successo

sucette *f* il lecca lecca

sucre *m* lo zucchero

sucré dolce

sud *m* il sud; **au sud de** a sud di

suffire: ça suffit basta così

suisse svizzero

Suisse *f* la Svizzera; **Suisse romande** Svizzera francese

suivant *(adjectif)* prossimo

suivre seguire; **faire suivre** inoltrare

supermarché *m* il supermercato

supplément m il supplemento
supplémentaire supplementare
supporter sopportare
sur su
sûr sicuro
surf m il surf
surgelé surgelato
surnom m il soprannome
surprenant sorprendente
surprise f la sorpresa
survêtement (de sport) m la tuta da ginnastica
sympathique simpatico
synagogue f la sinagoga
syndicat d'initiative m l'ufficio informazioni turistiche

T

ta tuo, tua *(voir grammaire)*
tabac m il tabacco
tabac-journaux m il giornalaio
table f il tavolo
table à repasser f l'asse da stiro f
tableau m il quadro
tableau de bord m il cruscotto
tache f la macchia
taille f *(grandeur)* la taglia; *(partie du corps)* la vita
taille-crayon m il temperamatite
talc m il talco
talon m il tallone
talon-minute m riparazione scarpe
tampons mpl *(hygiéniques)* i tamponi
tante f la zia
tapis m il tappeto
tard tardi

tarte f la torta; **une tarte aux pommes** una crostata di mele
tasse f la tazza
taxi m il taxi
te te, ti *(voir grammaire)*
teinturier m il lavasecco
télécarte® f la scheda telefonica
télécommande f il telecomando
télécopie f il fax
téléférique m la funivia
télégramme m il telegramma
téléphone m il telefono
téléphone à carte m il telefono a scheda
téléphone portable m il cellulare
téléphoner à telefonare a
télésiège m la seggiovia
télévision f la televisione
télévision par câble f la televisione via cavo
télévision par satellite f la televisione via satellite
témoin m il testimone
température f la temperatura
tempête f la tempesta
temple m *(protestant)* la chiesa protestante
temps m il tempo
tenir tenere
tennis m il tennis
tennis mpl le scarpe da ginnastica
tente f la tenda
terminer finire
terrain pour caravanes m il campeggio per roulotte
terre f la terra
tes tuoi, tue *(voir grammaire)*
tête f la testa
thé m il tè
théâtre m il teatro

théière f la teiera
thermomètre m il termometro
thermos m il thermos
thon m il tonno
tiède tiepido
tien tuo *(voir grammaire)*
timbre m il francobollo
timide timido
tire-bouchon m il cavatappi
tirer tirare
tissu m la stoffa
toast m il pane tostato
toi tu, ti *(voir grammaire)*
toilettes fpl la toilette
toit m il tetto
toit ouvrant m il tetto apribile
tomate f il pomodoro
tomber cadere
ton tuo, tua *(voir grammaire)*
tonnerre m il tuono
torchon à vaisselle m lo strofinaccio
tôt presto
toucher toccare
toujours sempre
tour f la torre
touriste m/f il/la turista
tournée f: **c'est ma tournée** tocca a me
tourner girare
tournevis m il cacciavite
tous: tous les hommes/toutes les femmes tutti gli uomini/tutte le donne; **tous les deux** tutti e due; **tous les jours** ogni giorno
tousser tossire
tout tutto; **tout le lait/toute la bière** tutto il latte/tutta la birra; **en tout** in tutto

toux f la tosse
tradition f la tradizione
traditionnel tradizionale
traduire tradurre
train m il treno
tranche f la fetta
tranquille tranquillo
transmission f la trasmissione
transpirer sudare
travail m il lavoro
travailler lavorare
traverser attraversare
très molto
tricoter lavorare a maglia
triste triste
trop troppo
trottoir m il marciapiede
trou m il buco
trouver trovare
T-shirt m la maglietta
tu tu *(voir grammaire)*
tuer uccidere
tunnel m la galleria
tuyau m il tubo

U

UE f l'UE f
un(e) un, uno, una *(voir grammaire)*
université f l'università f
urgence f l'emergenza f
urgent urgente
usine f la fabbrica
ustensiles de cuisine mpl gli utensili da cucina
utile utile
utiliser usare

V

vacances *fpl* la vacanza; **les grandes vacances** le vacanze estive
vaccin *m* il vaccino
vache *f* la mucca
vagin *m* la vagina
vague *f* l'onda *f*
vaisselle *f (propre)* le stoviglie; **faire la vaisselle** lavare i piatti
valable valido
valise *f* la valigia
vallée *f* la valle
valve *f* la valvola
vanille *f* la vaniglia
varappe *f* la roccia
variable variabile
vase *m* il vaso
veau *m* il vitello
végétarien vegetariano
véhicule *m* il veicolo
vélo *m* la bicicletta
vendeur *m*, **vendeuse** *f (de magasin)* il commesso, la commessa
vendre vendere
vendredi venerdì
venir venire; **je viens de Lyon** sono di Lione
vent *m* il vento
vente *f* la vendita
ventilateur *m* il ventilatore
ventre *m* la pancia
vérifier controllare
vernis à ongles *m* lo smalto per le unghie
verre *m* il vetro; *(pour boire)* il bicchiere
verrou *m* il catenaccio

verrouiller chiudere con il catenaccio
vert verde
vessie *f* la vescica
veste *f* la giacca
vestiaire *m* il guardaroba
vêtements *mpl* gli abiti
vétérinaire *m* il veterinario
veuf *m* il vedovo
veuve *f* la vedova
vexer offendere
viande *f* la carne; **viande hachée** carne macinata
vide vuoto
vidéo *f* il video
vie *f* la vita
vieux vecchio
vignoble *m* la vigna
vilebrequin *m* l'albero a gomiti *m*
villa *f* la villa
village *m* il villaggio
ville *f* la città
vin *m* il vino; **vin rouge/blanc/rosé** vino rosso/bianco/rosé
vinaigre *m* l'aceto *m*
vinaigrette *f* il condimento per l'insalata
viol *m* lo stupro
violet viola
virage *m* la curva
vis *f* la vite
visa *m* il visto
visage *m* la faccia
viseur *m* il mirino
visite *f* la visita
visiter visitare
vitamines *fpl* le vitamine
vite velocemente
vitesse *f (rapidité)* la velocità; *(première, etc.)* il cambio

vivant vivo
vivre vivere
vœux *mpl*: **meilleurs vœux** tanti auguri
voici ecco
voilà ecco
voile *f* la vela
voir vedere
voisin *m*, **voisine** *f* il vicino, la vicina
voiture *f* la macchina
voix *f* la voce
vol *m* (*d'avion*) il volo; (*criminel*) il furto
volaille *f* il pollame
volant *m* (*de voiture*) il volante
vol de ligne *m* il volo di linea
vol en standby *m* il volo stand-by
voler (*dans l'air*) volare; (*dérober*) rubare
volets *mpl* le imposte
voleur *m* il ladro
vomir vomitare
vos vostri, vostre, sui, sue (*voir grammaire*)
votre vostro, vostra, suo, sua (*voir grammaire*)
vôtre vostro, suo (*voir grammaire*); **à la vôtre** cin cin
vouloir volere; **je veux** voglio; **voulez-vous... ?** vuole...?
vous voi, vi, lei, la (*voir grammaire*)
voyage *m* il viaggio; **voyage d'affaires** viaggio d'affari; **bon voyage !** buon viaggio!
voyage de noces *m* la luna di miele
voyage organisé *m* il viaggio organizzato
voyager viaggiare
vrai vero
vraiment veramente
vue *f* la vista

W

wagon *m* la carrozza
wagon-lit *m* il vagone letto
wagon-restaurant *m* il vagone ristorante
walkman® *m* il walkman®
WC *mpl* il gabinetto
week-end *m* il fine settimana
whisky *m* il whisky

Y

yaourt *m* lo yogurt

Z

zéro *m* zero *m*
zone piétonne *f* la zona pedonale
zoo *m* lo zoo

A

a: alla stazione à la gare; **a Parigi** à Paris; **alle tre** à 3 heures; **a domani** à demain; **alla settimana** par semaine

abbastanza assez (de)

abbronzatura f bronzage

abitare habiter

abiti mpl vêtements

abito m tenue; complet

abitudine f habitude

acceleratore m accélérateur

accendere allumer; **mi fa accendere?** vous avez du feu ?

accendino m briquet

accensione f allumage

accento m accent

accettare accepter

accompagnare accompagner

accordo: d'accordo d'accord

aceto m vinaigre

acetone m dissolvant

acqua f eau; **acqua potabile** eau potable

acqua di Colonia f eau de toilette

acquaio m évier

acqua minerale f eau minérale

addormentato endormi

adesso maintenant

adulto m adulte

aereo m avion

aeroplano m avion

aeroporto m aéroport

affari mpl affaires

affittare louer

affitto m loyer

affollato bondé

affondare couler

agenzia f agence

agenzia di viaggio f agence de voyages

aggiustare ajuster

aggressivo agressif

agli aux (voir grammaire)

aglio m ail

agnello m agneau

ago m aiguille

agosto août

agricoltore m agriculteur

ai aux (voir grammaire)

aids m SIDA

aiutare aider

aiuto m aide

aiuto! au secours !

al au, à la (voir grammaire)

ala f aile

albergo m hôtel

albero m arbre

albero a gomiti m vilebrequin

albicocca f abricot

alghe marine fpl algues

alla au, à la (voir grammaire)

allarme m alarme

allattare allaiter

alle au, à la (voir grammaire)

allergico a allergique à

allo au, à la (voir grammaire)

alloggiare loger

alloggio m logement

allora alors

almeno au moins

alternatore m alternateur

alto haut; **alto 2 metri** de 2m de haut

altrimenti sinon

altro autre

alzarsi se lever

amare aimer

amaro amer

ambasciata f ambassade

ambulanza f ambulance

America f Amérique

americano américain

amico m, **amica** f ami, amie

ammobiliato meublé

ammortizzatore m amortisseur

amore m amour; **fare l'amore** faire l'amour

analgesico m analgésique

anatra f canard

anche aussi; **anche io** moi aussi

ancora encore; **non ancora** pas encore

ancora f ancre

andare aller; **andiamo!** allons-y !

anello m bague

angina pectoris f angine de poitrine

angolo m coin

animale m animal

anniversario di matrimonio m anniversaire de mariage

anno m année

anno nuovo m Nouvel An

annullare annuler

antenato m ancêtre

antibiotico m antibiotique

anticipo: in anticipo d'avance

antico ancien

antigelo m antigel

antipasto m entrée

antiquariato: è un pezzo d'antiquariato c'est un objet d'époque; **un negozio di antiquariato** un antiquaire

antisettico désinfectant

antistaminico m antihistaminique

ape f abeille

aperitivo m apéritif

aperto ouvert

apparecchio acustico m audiophone

appartamento m appartement

appendicite f appendicite

appetito m appétit; **buon appetito!** bon appétit !

appuntamento m rendez-vous

aprile m avril

aprire ouvrir

apriscatole m ouvre-boîte

arachidi fpl cacahuètes

aragosta f homard, langouste

arancia f orange

archeologia f archéologie

arcobaleno m arc-en-ciel

argento m argent

aria f air

aria condizionata f climatisation; **con aria condizionata** climatisé

armadio m armoire

arrabbiato fâché

arrestare arrêter

arrivare arriver

arrivederci au revoir

arrivo m arrivée

arte f art

artificiale artificiel

artigianato m artisanat

artista m/f artiste

ascensore m ascenseur

ascia f hache

asciugamano m serviette de bain

asciugare sécher

asciugatura con föhn f brushing

asciutto sec

ascoltare écouter

asino m âne

asma *f* asthme
asparagi *mpl* asperges
aspettare attendre
aspirapolvere *m* aspirateur
aspirina *f* aspirine
aspro acide
assaggiare goûter
assegno *m* chèque
assicurazione *f* assurance
assolato ensoleillé
assorbente igienico *m* serviette
  hygiénique
Atlantico *m* Atlantique
attacco *m* attaque; fixation *(ski)*
attento prudent
attenzione! attention !
atterrare atterrir
attillato étroit
attraente séduisant
attraversamento *m* passage
  clouté
attraversare traverser
attraverso par
auguri *mpl*: **tanti auguri**
  meilleurs vœux
aumentare augmenter
Austria *f* Autriche
austriaco autrichien
autentico authentique
autista *m* conducteur
auto *f* voiture
autobus *m* autobus
automatico automatique
automobilista *m/f* automobiliste
autostop *m* stop; **fare l'autostop**
  faire du stop
autostrada *f* autoroute
autunno *m* automne
avanti: avanti! entrez !; **avanti
  diritto** tout droit; **più avanti** plus
loin
avere avoir *(voir grammaire)*
avvicinarsi se rapprocher
avviso *m* avis
avvocato *m* avocat
azzurro bleu

B

bacio *m* baiser
baffi *mpl* moustache
bagagli *mpl* bagages
bagagliaio *m* coffre
bagaglio *m*: **bagaglio a mano**
  bagages à main; **bagaglio in
  eccesso** excédent de bagages
bagno *m* bain; salle de bain
balcone *m* balcon
ballare danser
ballo *m* danse
balsamo *m* baume après-
  shampooing
bambino *m* enfant; bébé
bambola *f* poupée
banana *f* banane
banca *f* banque
banco informazioni *m*
  renseignements
bancomat *m* distributeur de
  billets
banconota *f* billet de banque
bandiera *f* drapeau
barba *f* barbe; **farsi la barba** se
  raser
barbiere *m* coiffeur
barca a remi *f* bateau à rames
barca a vela *f* bateau à voile
basso bas
bastare: basta così ça suffit

battello *m* bateau à vapeur
batteria *f* pile; batterie
belga belge
Belgio *m* Belgique
bello beau
bene bien
benissimo! très bien !
benvenuto! bienvenue !
benzina *f* essence
bere boire
berretto *m* casquette
biancheria da letto *f* draps
biancheria intima *f* sous-vêtements
bianco blanc
bianco e nero noir et blanc
bibita *f* boisson; **bibita analcolica** boisson non alcoolisée
biblioteca *f* bibliothèque
bicchiere *m* verre
bicicletta *f* vélo
bigliettaio *m* receveur
biglietteria *f* guichet
biglietto *m* billet; **un biglietto di andata** un aller simple; **un biglietto di andata e ritorno** un aller-retour
biglietto da visita *m* carte de visite
binario *m* quai
biondo blond
biro *f* stylo à bille
birra *f* bière
birra chiara *f* bière blonde
biscotto *m* petit gâteau, biscuit
bisogno: ho bisogno di... j'ai besoin de...
bistecca *f* steak
bivio *m* croisement

bloccato bouché; coincé
blu bleu
boa *f* bouée
bocca *f* bouche
bollire bouillir
bomba *f* bombe
borsa *f* sac
borsa dell'acqua calda *f* bouillotte
borsaiolo *m* pickpocket
borsellino *m* porte-monnaie
borsetta *f* sac à main
bosco *m* bois
bottiglia *f* bouteille
bottone *m* bouton
braccialetto *m* bracelet
braccio *m* bras
branda *f* lit de camp
brandy *m* cognac
britannico britannique
brocca *f* pot
bruciare brûler
brutto laid
buca delle lettere *f* boîte à lettres
bucato *m* linge sale
buco *m* trou
buffo drôle
buio sombre
buonasera bonsoir
buongiorno bonjour
buono bon
burro *m* beurre
bussola *f* boussole
busta *f* enveloppe
butano *m* butagaz
buttare via jeter

C

cabina f cabine
cabina telefonica f cabine téléphonique
cacciavite m tournevis
cadere tomber
caffè m café; **caffè lungo/ristretto** expresso léger/serré
caffellatte m café crème
calcio m football
calcolatore m calculette
caldo m chaleur
caldo chaud; **fa caldo** il fait chaud
calendario m calendrier
calmarsi se calmer
calvo chauve
calze fpl bas
calzini mpl chaussettes
calzolaio m cordonnier
calzoni mpl pantalons
calzoncini mpl shorts
cambiare changer; **cambiare treno** changer de train
cambiarsi se changer
cambio m vitesse; change
camera f chambre; **camera singola/doppia** chambre pour une personne/deux personnes
camera da letto f chambre à coucher
camera d'aria f chambre à air
cameriera f femme de chambre; serveuse
cameriere m garçon (de restaurant)
camicetta f chemisier
camicia f chemise
camicia da notte f chemise de nuit
camminare marcher

campagna f campagne
campana f cloche
campanello m sonnette
campeggio m camping
campo m champ
campo da sci m piste de ski
canadese canadien
canale m canal
cancello m porte (d'aéroport)
candela f bougie
cane m chien
cannuccia f paille
canoa f canoë
cantare chanter
canzone f chanson
capelli mpl cheveux
capire comprendre
capitano m capitaine
capo m patron
Capodanno jour de l'An
cappello m chapeau
cappotto m manteau
capra f chèvre
caramella f bonbon
carburatore m carburateur
carne f viande
carne macinata f viande hachée
caro cher
carota f carotte
carrozza f wagon
carrozzina f landau
carta f carte; papier
carta da lettere f papier à lettres
carta da pacchi f papier d'emballage
carta di credito f carte de crédit
carta d'imbarco f carte d'embarquement
carta igienica f papier hygiénique
cartella f serviette

cartina f carte
cartolina f carte postale
cartone m carton
casa f maison; **a casa** à la maison; **a casa di Giulia** chez Giulia; **fatto in casa** fait maison
cascata f cascade
caso: per caso par hasard
cassa f caisse
cassetta f cassette; boîte
cassetto m tiroir
castagna f chataîgne
castello m château
catena f chaîne
catenaccio m verrou
cattedrale f cathédrale
cattivo mauvais
cattolico catholique
causa f cause
cavallo m cheval
cavatappi m tire-bouchon
caviglia f cheville
cavoletti di Bruxelles mpl choux de Bruxelles
cavolfiore m chou-fleur
cavolo m chou
c'è c'est; **non c'è** il/elle n'est pas là
celibe célibataire
cena f dîner
cenare dîner
centigrado centigrade
centralino m opératrice
centro m centre; **il centro della città** le centre-ville
centro commerciale m centre commercial
cercare chercher
cerniera lampo f fermeture éclair
cerotto m pansement adhésif
certamente certainement

certificato m certificat
cestino m panier
cetriolo m concombre
charter: volo charter m charter
che: la persona che la personne qui; **penso che...** je pense que...; **che...?** qu'est-ce que... ?
check-in m enregistrement des bagages
chi? qui ?
chiamare appeler; **mi chiamo Vera** je m'appelle Vera; **come ti chiami?** comment tu t'appelles ?
chiaro clair; **blu chiaro** bleu clair
chiave f clé
chiave fissa f clé anglaise
chiedere demander
chiesa f église; temple
chilo m kilo
chilometro m kilomètre
chiodo m clou
chitarra f guitare
chiudere fermer; **chiudere a chiave** fermer à clé; **chiudere con il catenaccio** verrouiller
chiuso fermé
ci ici; là; nous; **ci sono** il y a
ciao salut
ciascuno chaque
cibo m nourriture
ciclismo m cyclisme
ciclista m/f cycliste
cieco aveugle
cielo m ciel
ciliegia f cerise
cima: in cima en haut
cimitero m cimetière
cinghia della ventola f courroie du ventilateur
cintura f ceinture

cintura di sicurezza f ceinture de sécurité
ciò ceci, cela
cioccolata f chocolat; **cioccolata calda** chocolat chaud; **cioccolata al latte/fondente** chocolat au lait/à croquer
cipolla f oignon
circa environ
circonvallazione f rocade
città f ville
clacson m klaxon
classe f classe; **prima classe** première
clima m climat
coda f queue
codice della strada m code de la route
cofano m capot
cogli avec les (voir grammaire)
cognome m nom de famille
coi avec les (voir grammaire)
coincidenza f (de trains, etc.) correspondance
col avec le/la (voir grammaire)
colazione f petit déjeuner
colazione al sacco f casse-croûte
colla f colle
colla avec le/la (voir grammaire)
collana f collier
collasso m attaque
colle avec les (voir grammaire)
colletto m col
collezione f collection
collina f colline
collo m cou
collo avec le/la (voir grammaire)
colore m couleur
colpa f: **è colpa mia/sua** c'est de ma/sa faute

colpire frapper
colpo di sole m insolation
coltello m couteau
come comme; **bello come** aussi beau que; **come?** comment ?; **come stai?** comment ça va ?
cominciare commencer
comitiva f groupe
commedia f pièce de théâtre; comédie
commessa f vendeuse
comodo confortable
compact disc m disque compact
compere fpl: **andare a fare le compere** faire du shopping
compleanno m anniversaire; **buon compleanno!** bon anniversaire !
completo m complet
complicato compliqué
complimento m compliment
comporre composer (numéro)
comprare acheter
compreso compris; **tutto compreso** tout compris
compressa f comprimé
computer m ordinateur
con avec
concerto m concert
concessionario m concessionnaire
conchiglia f coquillage
condimento per l'insalata m vinaigrette
conferma f: **dare conferma di** confirmer
confine m frontière
confusione f pagaille; confusion
congratulazioni! félicitations !
coniglio m lapin

conoscere connaître
consigliare conseiller
consolato m consulat
contante: pagare in contanti payer comptant
contatto m: **mettersi in contatto con** contacter
contento content
conto m addition; note
contraccettivo m contraceptif
contro contre
controllare vérifier
controllore m contrôleur
coperchio m couvercle
coperta f couverture
coperto m couvert; **al coperto** à l'intérieur
coraggioso courageux
corda f corde
corpo m corps
corrente f courant
correre courir
corridoio m corridor
corriera f car
corto court
cosa f chose; **cosa?** quoi ?
coscia f cuisse
così comme ceci; **così bello/ grande** si beau/grand; **così così** comme ci comme ça
cosmetici mpl produits de beauté
costa f côte
costare coûter
costola f côte
costume m coutume
costume da bagno m maillot de bain
cotoletta f côtelette
cotone m coton
cotone idrofilo m coton hydrophile
cotto: ben cotto bien cuit; **troppo cotto** trop cuit; **poco cotto** pas assez cuit
cozze fpl moules
crampo m crampe
cravatta f cravate
credere croire
crema anti-insetto f crème anti-insecte
crema di bellezza f crème de beauté
crociera f croisière
crostata di mele f tarte aux pommes
crudo cru
cruscotto m tableau de bord
cubetto di ghiaccio m glaçon
cuccetta f couchette
cucchiaio m cuiller
cucina f cuisine; cuisinière
cucinare cuire
cucire coudre
cuffia da bagno f bonnet de bain
cugino m, **cugina** f cousin, cousine
cuocere cuire
cuoco m cuisinier
cuoio m cuir
cuore m cœur
curry m curry
curva f virage
cuscino m oreiller

D

da de; **da quando** depuis (que); **da Michela** chez Michela *(voir grammaire)*
dado m écrou

dagli, dai des *(voir grammaire)*
dal, dalla du, de la *(voir grammaire)*
dalle des *(voir grammaire)*
dallo du, de la *(voir grammaire)*
danneggiare endommager
dappertutto partout
dare donner
data f date
dattero m datte
davanti m avant; **davanti a** devant
debole faible
decidere décider
decollare décoller
degli, dei des *(voir grammaire)*
del du, de la *(voir grammaire)*
delizioso ravissant; délicieux
della du, de la *(voir grammaire)*
delle des *(voir grammaire)*
dello du, de la *(voir grammaire)*
deluso déçu
dente m dent
dentiera f dentier
dentifricio m dentifrice
dentista m/f dentiste
dentro à l'intérieur
dépliant m dépliant
deposito bagagli m consigne
depresso déprimé
destra f droite; **a destra (di)** à droite (de)
detersivo liquido per i piatti m produit de vaisselle
detersivo per bucato m lessive
detestabile insupportable
detestare détester
devo/devi/deve je dois/tu dois/il (elle) doit, vous devez
di de; **più brutto di** plus laid que

(voir grammaire)
diabetico diabétique
dialetto m dialecte
diamante m diamant
diapositiva f diapositive
diario m agenda
diarrea f diarrhée
dicembre décembre
diesel m gas-oil
dieta f régime
dietro m arrière; **dietro (a)** derrière
difettoso défectueux
dimenticare oublier
dintorni mpl environs
Dio m Dieu
dipendere: dipende ça dépend
dipingere peindre
dipinto m tableau
dire dire
diretto direct
direttore m patron
direzione f direction
disastro m désastre
disco m disque
discoteca f discothèque
disfare défaire
disinfettante m désinfectant
disoccupato au chômage
dispiacere: le dispiace se...? ça vous dérange si... ?
dispositivo m appareil
distante: è distante? c'est loin d'ici ?
distanza f distance
distributore m delco
disturbare déranger
dito m doigt
dito del piede m orteil
ditta f société

diverso différent; **diversi** plusieurs
divertirsi s'amuser
dividere partager
divieto di... défense de...
divorziato divorcé
dizionario m dictionnaire
doccia f douche
documento m document
dogana f douane
dolce m dessert
dolce doux
dolore m douleur
doloroso douloureux
domanda f question
domani demain
domenica dimanche
donna f femme
dopo après
dopobarba m after-shave
doppio double
dormire dormir
dottore m médecin
dove où
dovere devoir
droga f drogue
duomo m cathédrale
durante pendant
duro dur
duty free m boutique hors taxes

E

e et
ebreo juif
eccetto sauf
ecco voici; voilà
edificio m bâtiment
educato poli

elastico m élastique
elastico élastique
elettricità f électricité
elettrico électrique
elicottero m hélicoptère
emergenza f urgence
emorroidi fpl hémorroïdes
emozionante passionnant
enoteca f dégustation de vins
entrare entrer
entrata f entrée
epilettico épileptique
equipaggio m équipage
equitazione f équitation
equivoco m malentendu
erba f herbe
erbe odorose fpl fines herbes
esatto correct
esaurimento nervoso m dépression
esempio m exemple; **per esempio** par exemple
esente da tasse hors taxes
esposimetro m photomètre
espresso train omnibus; rapide; exprès
essere être; **sono di Lucca** je viens de Lucca (voir grammaire)
esso ça
estate f été
estero: all'estero à l'étranger
estintore m extincteur
età f âge
etichetta f étiquette
Europa f Europe
europeo européen
evitare éviter

F

fa: tre giorni fa il y a trois jours
fabbrica f usine
faccia f visage
fagioli mpl haricots; **fagiolini verdi** haricots verts
falso faux
fame f faim
famiglia f famille
famoso célèbre
fare faire; **far vedere** montrer
farfalla f papillon
fari mpl phares; **fari posteriori** feux arrière
farina f farine
farmacia f pharmacie
faro m phare
fasciatura f pansement
fastidio m ennui
fatica f fatigue
fattoria f ferme
favore m faveur; **per favore** s'il vous plaît
fazzolettini di carta mpl kleenex®
fazzoletto m mouchoir
febbraio février
febbre f fièvre
febbre da fieno f rhume des foins
fegato m foie
felice heureux
ferita f blessure
ferito blessé
fermare rester
fermarsi s'arrêter
fermata f arrêt
fermo posta m poste restante
ferro m fer
ferro da stiro m fer à repasser

ferrovia f chemin de fer
festa f fête
fetta f tranche
fiammifero m allumette
fianco m hanche
fidanzato m, **fidanzata** f fiancé, fiancée
fidanzato fiancé
fidarsi di faire confiance à
fiera f foire
fiero fier
figlia f fille (pas fils)
figlio m fils
fila f queue
filetto m filet
film m film; pellicule
film a colori m pellicule couleur
filo m fil
filo di ferro m fil de fer
filtro m filtre
finalmente enfin
finché jusqu'à (ce que)
fine fin
fine f fin
fine settimana m week-end
finestra f fenêtre
finire finir
fino fin
fioraio m fleuriste
fiore m fleur
firma f signature
firmare signer
fischio m sifflement
fiume m rivière
flirtare flirter
foglia f feuille
föhn m sèche-cheveux
folla f foule
fondo m fond; **in fondo a** au fond de

fondotinta m fond de teint
fontana f fontaine
footing m jogging
foratura f crevaison
forbici mpl ciseaux
forchetta f fourchette
foresta f forêt
forma f: **in forma** en forme
formaggio m fromage
formica f fourmi
fornaio m boulangerie
fornire fournir
forno m four
forse peut-être
forte fort
fortuna f chance; **buona fortuna!** bonne chance !
fortunatamente heureusement
foruncolo m bouton (sur peau)
fotografare photographier
fotografia f photographie
fotografo m photographe
fra entre; **fra un'ora** dans une heure; **fra l'altro** entre autres
fragola f fraise
francese français; française
Francia f France
francobollo m timbre
frasario m guide de conversation
fratello m frère
frattura f fracture
freccia f clignotant; flèche
freddo froid
freezer m congélateur
frenare freiner
freno m frein
freno a mano m frein à main
fresco frais
friggere frire
frizione f embrayage; friction

frizzante gazeux
fronte f front; **di fronte a** en face de
frutta f fruits
frutti di mare mpl fruits de mer
fruttivendolo m marchand de légumes
fucile m fusil
fumare fumer
fumatori (carrozza) fumeurs
fumo m fumée
funerale m funérailles
funghi mpl champignons
funivia f téléférique
funzionare: non funziona ça ne marche pas
fuochi d'artificio mpl feux d'artifice
fuoco m feu
fuori dehors
furgone m camionnette
furioso furieux
fusibile m fusible
futuro m futur

G

gabbiano m mouette
gabinetto m WC
galleria f tunnel
galleria d'arte f musée d'art
gallina f poule
gamba f jambe
gambero m crevette
garanzia f garantie
gas m gaz
gatto m chat
gay homosexuel
gelato m glace

gelo *m* gel

geloso jaloux

gemelli *mpl* jumeaux

genere *m* genre; **in genere** en général

genero *m* beau-fils

genitori *mpl* parents

gennaio janvier

gente *f* gens

gentile aimable

Germania *f* Allemagne

gettare lancer; **gettare via** jeter

ghiaccio *m* glace

ghiacciolo *m* esquimau®

già déjà

giacca *f* veste

giacca a vento *f* anorak

giallo jaune

giardino *m* jardin

ginocchio *m* genou

giocare jouer

giocattolo *m* jouet

gioco *m* jeu

gioielli *mpl* bijoux

gioielleria *m* bijouterie

giornalaio *m* tabac-journaux

giornale *m* journal

giornata *f* journée

giorno *m* jour

giovane jeune

giovedì jeudi

giradischi *m* électrophone

girare tourner

giro tour; **andare in giro** aller faire un tour

gita *f* excursion

gita organizzata *f* voyage organisé

giù en bas; **mi sento un po' giù** j'ai le cafard

giugno juin

giusto juste

gli les *(voir grammaire)*

goccia *f* goutte

gola *f* gorge

golf *m* golf; pull

gomito *m* coude

gomma *f* caoutchouc; gomme

gomma di scorta *f* pneu de rechange

gonfio enflé

gonna *f* jupe

governo *m* gouvernement

gradino *m* marche

grado *m* degré

grammatica *f* grammaire

Gran Bretagna *f* Grande-Bretagne

granchio *m* crabe

grande magazzino *m* grand magasin

grandine *f* grêle

grasso *m* gras

grasso gras; gros

grato reconnaissant

gratuito gratuit

grazie merci

grazioso joli

Grecia *f* Grèce

greco grec

gridare crier

grigio gris

griglia *f*: **alla griglia** grillé

grosso épais; grand

grotta *f* grotte

gruccia *f* cintre

gruppo *m* groupe

gruppo sanguigno *m* groupe sanguin

guancia *f* joue

guanti *mpl* gants
guardare regarder
guardaroba *m* vestiaire
guasto *m* panne
guasto cassé; mauvais
guerra *f* guerre
guida *f* guide
guida telefonica *f* bottin
guidare conduire
guscio *m* coquille
gusto *m* goût

I

i les *(voir grammaire)*
idea *f* idée
idiota *m/f* idiot
idratante: un prodotto idratante une crème hydratante
idraulico *m* plombier
ieri hier
il le, la *(voir grammaire)*
imbarazzante gênant
imbuto *m* entonnoir
immediatamente immédiatement
immersione *f* plongée sous-marine
imparare apprendre
impermeabile *m* imperméable
importare: non importa ça ne fait rien
impossibile impossible
imposte *fpl* volets; impôts
improvvisamente soudain
in dans; **in Francia/macchina** en France/voiture
incartare emballer
incidente *m* accident

incinta enceinte
incontro *m* réunion
incredibile incroyable
incubo *m* cauchemar
indicare indiquer
indietro derrière
indigestione *f* indigestion
indipendente indépendant
indirizzo *m* adresse
industria *f* industrie
infarto *m* crise cardiaque
infermiera *f* infirmière
infezione *f* infection
influenza *f* grippe
informazione *f* renseignement
informazioni elenco abbonati *fpl* renseignements
Inghilterra *f* Angleterre
inglese anglais
ingoiare avaler
ingorgo *m* embouteillage
ingrandimento *m* agrandissement
iniezione *f* piqûre
inizio *m* début
innocente innocent
inoltrare faire suivre
inquinato pollué
insalata *f* salade
insegnante *m/f* enseignant
insegnare enseigner
insetto *m* insecte
insieme ensemble
insonnia *f* insomnie
intelligente intelligent
interessante intéressant
interno: all'interno à l'intérieur
intero entier
interruttore *m* interrupteur
interruzione della corrente *f*

coupure de courant
intorno a autour de
intossicazione alimentare f intoxication alimentaire
invalido handicapé
inverno m hiver
investire renverser
invitare inviter
invito m invitation
io je *(voir grammaire)*
Irlanda f Irlande
isola f île
Italia f Italie
italiano italien

L

la il, la; la, vous *(voir grammaire)*
là là; **di là** là-bas
labbro m lèvre
lacca per capelli f laque
lacci per le scarpe mpl lacets
ladro m voleur
laggiù là-bas
lago m lac
lamentarsi se plaindre
lametta f lame de rasoir
lampada f lampe
lampadina f ampoule
lampone m framboise
lana f laine
largo large
lasciare laisser
lassativo m laxatif
lato m côté
latte m lait
latte detergente m lait démaquillant
latteria f crémerie

lattina f boîte
lattuga f laitue
lavabo m lavabo
lavanderia f laverie
lavare laver; **lavarsi** se laver; **lavare la biancheria** faire la lessive; **lavare i piatti** faire la vaisselle
lavasecco m teinturier
lavatrice f machine à laver
lavorare travailler
lavoro m travail; **lavori stradali** travaux
le les; la; lui; vous *(voir grammaire)*
lecca lecca m sucette
legare attacher
legge f loi
leggere lire
leggerno léger
legno m bois
lei elle; la; vous *(voir grammaire)*
lentamente lentement
lenti a contatto fpl lentilles de contact
lenti morbide fpl lentilles souples
lenti rigide fpl lentilles dures
lenti semi-rigide fpl lentilles semi-rigides
lento lent
lenzuolo m drap
lettera f lettre
lettino m lit d'enfant
letto m lit; **un letto a una piazza/due piazze** un lit pour une personne/deux personnes; **letti a castello** lits superposés; **andare a letto** aller se coucher
leva del cambio f levier de vitesses
lezione f leçon

li les *(voir grammaire)*
lì là; **di lì** là-bas
libero libre
libreria *f* librairie
libretto degli assegni *m* chéquier
libro *m* livre
lima per le unghie *f* lime à ongles
limite di velocità *m* limitation de vitesse
limonata *f* limonade
limone *m* citron
linea aerea *f* compagnie aérienne
lingua *f* langue
Lione Lyon
liquore *m* liqueur
lisca *f* arête
liscio doux; simple; sec
lista *f* liste; carte
lista dei vini *f* carte des vins
lite *f* bagarre
litro *m* litre
livido *m* bleu
lo le *(voir grammaire)*
lontano loin
loro ils, elles; eux; leur; **il/la loro** leur; le/la leur *(voir grammaire)*
lozione solare *f* lait solaire
luce *f* lumière
lucertola *f* lézard
luci di posizione *fpl* feux de position
lucido per le scarpe *m* cirage
luglio juillet
lui il; lui *(voir grammaire)*
luna *f* lune
luna di miele *f* lune de miel
luna park *m* foire

lunedì lundi
lunghezza *f* longueur
lungo long

M

ma mais
macchia *f* tache
macchina *f* voiture; machine
macchina fotografica *f* appareil photo
macelleria *f* boucherie
macho macho
madre *f* mère
maestro *m (sport)* moniteur
maggio mai
maggiore plus grand; **la maggior parte di** la plupart de
maglia *f*: **lavorare a maglia** tricoter
maglietta *f* T-shirt
maglione *m* pull
mai jamais
maiale *m* porc; cochon
maionese *f* mayonnaise
mal *m*: **mal di stomaco/gola/ testa/mare** mal au ventre/à la gorge/à la tête/de mer
malato malade
malattia *f* maladie
malattia venerea *f* maladie vénérienne
male mal; **far male** faire mal
mamma *f* maman
mancare manquer
mancia *f* pourboire
mancino gaucher
mandare envoyer
mangianastri *m* lecteur de cassettes

mangiare manger

manica f manche

manifesto m affiche

maniglia f poignée

mano f main; **di seconda mano** d'occasion

manzo m bœuf

marciapiede m trottoir

mare m mer; **sul mare** au bord de la mer

marea f marée

marito m mari

marmellata f confiture

marrone marron

Marsiglia Marseille

martedì mardi

martello m marteau

marzo mars

mascella f mâchoire

materasso m matelas

matita f crayon

matrimonio m mariage

mattina f matin

mattino m: **alle 5 del mattino** à 5 heures du matin

mattone m brique

maturo mûr

me me; moi (voir grammaire)

meccanico m mécanicien

medio: di taglia media moyen

medicina f médicament

medievale médiéval

Medio Evo m moyen âge

Mediterraneo m Méditerranée

medusa f méduse

meglio mieux

mela f pomme

melanzana f aubergine

melone m melon

meno moins

mento m menton

mentre pendant que

meraviglioso merveilleux

mercato m marché: **a buon mercato** bon marché

mercoledì mercredi

mese m mois

messa f messe

messaggio m message

mestiere m métier

mestruazioni fpl règles

metà f moitié

metallo m métal

metro m mètre

metropolitana f métro

mettere mettre

mezzanotte minuit

mezzo: mezzo litro/giorno un demi-litre/une demi-journée

mezzo m milieu

mezzogiorno midi

mezz'ora f demi-heure

mi me (voir grammaire)

mia mon, ma; le mien, la mienne (voir grammaire)

mie, miei mes; les miens, les miennes (voir grammaire)

miele m miel

migliorare améliorer

migliore meilleur

mingherlino maigre

minimo: come minimo au moins

minuto m minute

mio mon, ma; le mien, la mienne (voir grammaire)

mirino m viseur

mobili mpl meubles

moda f mode; **di moda** à la mode

moderno moderne

modulo m formulaire

moglie f épouse
molla f ressort
molletta da bucato f la pince à linge
molo m quai
molto beaucoup; **molto caro** très cher; **molto vino** beaucoup de vin; **molti paesi** beaucoup de pays
mondo m monde
montagna f montagne
monumento m monument
mora f mûre
morbido doux
morbillo m rougeole
morire mourir
morso m morsure
morte f mort
morto mort
mosca f mouche
mostra f exposition
moto f moto
motore m moteur
motorino m mobylette
motoscafo m hors-bord
mucca f vache
multa f amende
municipio m mairie
muovere bouger
muro m mur
muscolo m muscle
museo m musée
musica f musique; **musica classica/folk/pop** musique classique/folk/pop
mutande fpl slip

N

nascondere cacher
naso m nez
nastro m bande magnétique; ruban
nastro adesivo m ruban adhésif
Natale m Noël
nato né
natura f nature
naturale naturel
naturalmente bien sûr
nausea f: **ho la nausea** je me sens mal
nave f bateau
nazionalità f nationalité
né... né... ni... ni...
nebbia f brouillard
necessario nécessaire
negativa f négatif
negli dans les (voir grammaire)
negozio m magasin
negozio di alimentari m épicerie
nei dans les (voir grammaire)
nel, nella dans le/la (voir grammaire)
nelle dans les (voir grammaire)
nello dans le/la (voir grammaire)
nero noir
nervoso nerveux
nessuno aucun; personne; **nessuna notizia** aucune nouvelle; **da nessuna parte** nulle part
neve f neige
nevrotico nevrosé
niente rien
night m boîte de nuit
nipote m neveu
nipote f nièce

Nizza Nice
no non; pas
nocciola f noisette
noce f noix
nodo m nœud
noi nous (voir grammaire)
noioso ennuyeux
noleggiare louer
noleggio di automobili m location de voitures
nolo: a nolo à louer
nome m nom
nome da ragazza m nom de jeune fille
nome di battesimo m prénom
non pas; **non sono stanco** je ne suis pas fatigué
nonna f grand-mère
nonno m grand-père
nord m nord
normale normal
nostro, nostra notre; le/la nôtre (voir grammaire)
nostri, nostre nos; les nôtres (voir grammaire)
nostalgia f: **ho nostalgia di casa** j'ai le mal du pays
notizie fpl nouvelles
notte f nuit; **buona notte** bonne nuit
nudo nu
numero di telefono m numéro de téléphone
nuora f belle-fille
nuotare nager
nuoto m natation
nuovo nouveau; neuf; **di nuovo** de nouveau
nuvola f nuage
nuvoloso nuageux

O

o ou; **o... o...** soit... soit...
obiettivo m objectif
oca f oie
occhiali mpl lunettes
occhiali da sole mpl lunettes de soleil
occhio m œil
occupato occupé
odiare détester
odore m odeur
offendere vexer
offrire offrir
oggi aujourd'hui
ogni: ogni volta chaque fois; **ogni giorno** tous les jours
ognuno tout le monde
Olanda f Hollande
olandese hollandais
olio m huile
olio d'oliva m huile d'olive
oliva f olive
oltre au-delà
ombra f ombre
ombrello m parapluie
ombretto m ombre à paupières
omelette f omelette
onda f vague
onesto honnête
operazione f opération
opuscolo m prospectus
ora f heure; **che ore sono?** quelle heure est-il ?
ora di punta f heures de pointe
orario m horaire
orchestra f orchestre
ordinare commander

orecchini *mpl* boucles d'oreille

orecchio *m* oreille

organizzare organiser

ormai maintenant

oro *m* or

orologio *m* horloge; montre

orribile horrible

osare oser

ospedale *m* hôpital

ospitalità *f* hospitalité

ospite *m* invité; hôte

osso *m* os

ostello della gioventù *m* auberge de jeunesse

ostrica *f* huître

ottenere obtenir

ottico *m* opticien

ottimista optimiste

ottimo excellent

ottobre octobre

otturatore *m* obturateur

otturazione *f* plombage

ovest *m* ouest

P

pacchetto *m* colis

pacco *m* paquet

padella *f* poêle

padre *m* père

paesaggio *m* paysage

paese *m* pays

pagare payer

pagina *f* page

paio *m* paire

palazzo *m* palais; immeuble

palla *f* ballon; balle

pancetta *f* lard

pane *m* pain; **pane bianco/**

integrale pain blanc/complet

pane tostato *m* toast

panico *m* panique

panino *m* petit pain; sandwich

panna *f* crème

panna montata *f* crème Chantilly

panne *f*: **restare in panne** tomber en panne

pannolino *m* couche

pantaloni *mpl* pantalon

pantofole *fpl* pantoufles

parabrezza *m* pare-brise

paraurti *m* pare-chocs

parcheggiare se garer

parcheggio *m* parking

parco *m* parc

parecchi plusieurs

parecchio beaucoup

parete *f* mur

Parigi Paris

parlare parler

parola *f* mot

parrucchiere *m* coiffeur

parte *f* partie; **da qualche parte** quelque part; **da qualche altra parte** ailleurs

partenza *f* départ

partire partir

partita *f* jeu, partie

Pasqua *f* Pâques

passaggio *m*: **dare un passaggio a** emmener

passaggio a livello *m* passage à niveau

passaporto *m* passeport

passeggero *m* passager

passeggiata *f* promenade; **andare a fare una passeggiata** aller se promener

passeggino *m* poussette

passo *m* col; pas
pasta *f* pâtes
pasticceria *f* pâtisserie
pasticcino *m* pâtisserie *(pour manger)*
pastiglie per la gola *fpl* pastilles pour la gorge
pasto *m* repas
patata *f* pomme de terre
patatine *fpl* chips
patatine fritte *fpl* frites
patente *f* permis de conduire
pattumiera *f* poubelle
paura *f* peur; **ho paura (di)** j'ai peur (de)
pavimento *m* plancher
pazzo fou
peccato *m*: **è un peccato** c'est dommage
pecora *f* mouton
pedale *m* pédale
pedone *m* piéton
peggio pire
pelle *f* peau
pelle scamosciata *f* daim
pene *m* pénis
penicillina *f* pénicilline
penna *f* stylo
pennarello *m* stylo-feutre
pennello da barba *m* blaireau
pensare penser
pensionato *m* retraité
pensione *f* pension; **mezza pensione** demi-pension; **pensione completa** pension complète
pentola *f* casserole
pepe *m* poivre
peperone *m* poivron
per par; pour

pera *f* poire
per cento pour cent
perché parce que; **perché?** pourquoi ?
perdere perdre; rater
perdita *f* fuite
perfetto parfait
pericolo *m* danger
pericoloso dangereux
periferia *f* banlieue
permesso *m* permis
permesso permis; **permesso!** pardon !
permettere permettre
però mais
persino même
perso perdu
persona *f* personne
pertosse *f* coqueluche
pesante lourd
pesca *f* pêche
pesce *m* poisson
pescheria *f* poissonnerie
peso *m* poids
pettine *m* peigne
petto *m* poitrine
pezzi di ricambio *mpl* pièces de rechange
pezzo *m* morceau
piacere: mi piace il formaggio/ mangiare j'aime le fromage/ manger
piacere *m*: **piacere (di conoscerla)** enchanté; **per piacere** s'il vous plaît
piacevole agréable
piangere pleurer
piano *m* étage; **il primo piano** le premier
piano doucement

pianta f plante; plan
pianterreno m rez-de-chaussée
piattino m soucoupe
piatto m assiette
piatto plat
piazza f place
piccante piquant
piccolo petit
picnic m pique-nique
piede m pied; **a piedi** à pied
pieno plein
pietra f pierre
pigiama m pyjama
pigro paresseux
pillola f pilule
pilota m pilote
pinze fpl pince
pinzette fpl pince à épiler
pioggia f pluie
piovere pleuvoir; **piove** il pleut
piovra f poulpe
pipa f pipe
piscina f piscine
piselli mpl petits pois
più plus
piumine f couette
piuttosto plutôt
plastica f plastique
pneumatico m pneu
po': un po' di un peu de
pochi peu de
pochino m peu
politica f politique
politico politique
polizia f police
poliziotto m agent de police
pollame m volaille
pollo m poulet
polmoni mpl poumons
polmonite f pneumonie

polso m poignet
pomeriggio m après-midi
pomodoro m tomate
pompelmo m pamplemousse
ponte m pont
porro m poireau
porta f porte
portacenere m cendrier
portafoglio m porte-feuille
portapacchi m galerie (sur voiture)
portare porter; apporter
portauovo m coquetier
porte-enfant m porte-bébé
portiere m portier
porto m port; porto
porzione per bambini f portion pour enfants
posate fpl couverts
possibile possible
posso je peux
posta f courrier; **posta aerea** par avion
poster m poster
posteriore arrière
postino m facteur
posto m siège
postumi della sbornia mpl gueule de bois
potere pouvoir
povero pauvre
pranzo m déjeuner
prato all'inglese m pelouse
precedenza f priorité
preferire préférer
preferito préféré
prefisso m indicatif
pregare prier
prego je vous en prie; **prego?** comment ?

premere repasser
prendere prendre; **prendere il sole** se bronzer
prenotare réserver
prenotazione f réservation
preoccuparsi per se faire du souci pour
preparare préparer
presa f prise
presentare présenter
preservativo m préservatif
prestare prêter
prestito m: **prendere in prestito** emprunter
presto bientôt; tôt
prete m prêtre
previsioni del tempo fpl météo
prezzo m prix
prigione f prison
prima di avant
primavera f printemps
primi piatti mpl entrées
principe m prince
principessa f princesse
principiante m/f débutant
privato privé
probabilmente probablement
problema m problème
profondo profond
profumo m parfum
programma m programme
prolunga f rallonge
promettere promettre
pronto prêt; allô
pronto soccorso m premiers secours
pronunciare prononcer
proprietario m propriétaire
proprio propre; **è proprio fantastico** c'est vraiment fantastique
prosciutto m jambon
prossimo prochain
proteggere protéger
proteggi-pannolino mpl protège-couches
protestante protestant
provare essayer
prugna f prune
prurito m démangeaison
pubblico m public
pulce f puce
pulire nettoyer
pulito propre
pungere piquer
puntuale à l'heure
puntura f piqûre
puzzo m puanteur
può il/elle peut

Q

qua ici; **di qua** par ici
quadro m tableau
qualche quelque(s)
qualcosa quelque chose; **qualcos'altro** autre chose
qualcuno quelqu'un
quale quel
qualità f qualité
quando quand
quanti? combien ?
quanto? combien ?
quarto n quart
quasi presque
quelli, quelle ces; **quelli/quelle lì** ceux/celles-là (voir grammaire)
quello, quella ce, cette; **quello/quella lì** cela, celui/celle-là (voir

grammaire)

questi, queste ces; **questi/queste qui** ceux/celles-ci *(voir grammaire)*

questo, questa ce, cette; **questo/questa qui** ceci, celui/celle-ci *(voir grammaire)*

qui ici

R

radersi se raser
radiatore *m* radiateur
raffreddore *m* rhume; **ho il raffredore** je suis enrhumé
ragazza *f* fille; petite amie
ragazzo *m* garçon; petit ami
raggi X *mpl* rayons X
ragno *m* araignée
rappresentante *m/f* représentant
raro rare
rasoio *m* rasoir
ratto *m* rat
re *m* roi
receptionist *m/f* réceptionniste
reclamo *m* réclamation
regalo *m* cadeau
reggiseno *m* soutien-gorge
regina *f* reine
religione *f* religion
rene *m* rein
respirare respirer
responsabile responsable
restituire rendre
resto *m* reste
retromarcia *f* marche arrière
reumatismo *m* rhumatismes
ricco riche

ricetta *f* recette; ordonnance
ricevuta *f* reçu
ricezione *f* réception
riconoscere reconnaître
ricordarsi di se souvenir de
ridere rire
ridicolo ridicule
riduttore *m* adaptateur
riduzione *f* réduction
riempire remplir
rifiuti *mpl* ordures
rilassarsi se détendre
rimborsare rembourser
rimorchio *m* remorque
ringraziare remercier
riparare réparer
riparo *m* abri
ripetere répéter
ripido raide
riposarsi se reposer
riscaldamento *m* chauffage
riscaldamento centrale *m* chauffage central
riserva *f* réserve
riso *m* riz
rispondere répondre
risposta *f* réponse
ristorante *m* restaurant
ritardo *m* retard
rivista *f* magazine
rivoltante dégoûtant
roccia *f* rocher
romanzo *m* roman
rompere casser
rosa *f* rose
rosa rose
rosolia *f* rubéole
rossetto *m* rouge à lèvres
rosso rouge
rotondo rond

rotto cassé
roulotte f caravane
rovine fpl ruines
rubare voler
rubinetto m robinet
rubrica f carnet d'adresses
rum m rhum
rumore m bruit
rumoroso bruyant
ruota f roue
ruscello m ruisseau

S

sabato samedi
sabbia f sable
sacchetto di plastica m sac en plastique
sacco a pelo m sac de couchage
sala f living
sala da pranzo f salle à manger
sala d'attesa f salle d'attente
salato salé
saldi mpl soldes
sale m sel
sali da bagno mpl sels de bain
salire monter
salmone m saumon
salsa f sauce
salsiccia f saucisse
saltare sauter
salumeria f épicerie fine
salute f santé; **salute!** santé !; à vos souhaits !; **alla salute!** à la vôtre !
salvietta f serviette
sandali mpl sandales
sangue m sang; **al sangue** bleu
sanguinare saigner

sano bon pour la santé
sapere savoir
sapone m savon
sapore m arôme
sardina f sardine
sbagliato faux
sbaglio m erreur
sbrigarsi se dépêcher; **sbrigati!** dépêche-toi !
scale fpl escalier
scampi mpl langoustines
scandaloso scandaleux
scapolo m célibataire
scarafaggio m cafard
scarpe fpl chaussures
scarpe da ginnastica fpl tennis
scarponi da sci mpl chaussures de ski
scatola f boîte
scatola del cambio f boîte de vitesses
scatto m unité téléphonique
scegliere choisir
scendere descendre
scherzo m plaisanterie
schiena f dos
schifoso dégoûtant
schiuma da barba f mousse à raser
sci m ski
sci acquatico m ski nautique
sciare skier
sciarpa f écharpe
scienza f science
scivolare déraper
scivoloso glissant
scodella f bol
scogliera f falaise
scomodo inconfortable
scomparire disparaître

scompartimento *m* compartiment

sconto *m* rabais

scontro *m* collision

scopa *f* balai

scorciatoia *f* raccourci

scorso passé

scottatura *f* brûlure

Scozia *f* Ecosse

scrivere écrire

scuola *f* école

scuro sombre

scusarsi s'excuser; **mi scusi** excusez-moi

se si

sebbene bien que

seccante ennuyeux

secchio *m* seau

secolo *m* siècle

seconda classe *f* seconde

secondo *m* seconde

sedere *m* derrière

sedersi s'asseoir

sedia *f* chaise

sedia a rotelle *f* fauteuil roulant

sedia a sdraio *f* chaise longue

seggiovia *f* télésiège

segnale *m* panneau de signalisation

segreto secret

seguire suivre

selvaggina *f* gibier

semaforo *m* feux de signalisation

sembrare sembler

semiasse *m* essieu

seminterrato *m* sous-sol

semplice simple

sempre toujours

senape *f* moutarde

seno *m* sein

sensato raisonnable

sensibile sensible

sentiero *m* sentier

sentire sentir; entendre; **sentirsi** se sentir

senza sans

separatamente séparément

separato séparé

sera *f* soir

serata *f* soirée

serbatoio *m* réservoir

serio sérieux; **sul serio** sérieusement

serpente *m* serpent

serratura *f* serrure

servire servir

servizio *m* service; **il prezzo del servizio** service

sessista sexiste

sesso *m* sexe

seta *f* soie

sete *f* soif

settembre septembre

settimana *f* semaine; **due settimane** quinzaine

sfortunatamente malheureusement

sgarbato grossier

sgradevole désagréable

shampoo *m* shampooing

shock *m* choc

sì oui

siccome comme

sicuro en sécurité; sûr

sidro *m* cidre

sigaretta *f* cigarette

sigaro *m* cigare

significare signifier

signora Madame; **una signora** une dame

signore Monsieur; **un signore** un monsieur

signorina Mademoiselle

silenzio *m* silence

simile semblable

simpatico sympathique

sinagoga *f* synagogue

sincero sincère

singhiozzo *m* hoquet

sinistra *f* gauche; **a sinistra (di)** à gauche (de)

ski-lift *m* remonte-pente

slogare fouler

smalto per le unghie *m* vernis à ongles

smettere cesser

snello mince

so: non lo so je ne sais pas

società *f* société

soffitto *m* plafond

soggiorno *m* séjour; salon

sogno *m* rêve

soldi *mpl* argent

sole *m* soleil

solito habituel; **di solito** d'habitude

solo seul; seulement

soluzione salina per lenti *f* solution de trempage

sonnifero *m* somnifère

sonno *m* sommeil

sopportare supporter

sopra au-dessus de; **di sopra** en haut

sopracciglio *m* sourcil

soprannome *m* surnom

sordo sourd

sorella *f* sœur

sorpassare doubler

sorpresa *f* surprise

sorridere sourire

sosta vietata arrêt interdit

sottile mince

sotto sous; **di sotto** en bas

Spagna *f* Espagne

spagnolo espagnol

spago *m* ficelle

spalla *f* épaule

spaventoso épouvantable

spazzola *f* brosse

spazzolino da denti *m* brosse à dents

specchietto retrovisore *m* rétroviseur

specchio *m* miroir

specialità *f* spécialité

specialmente spécialement

spedire envoyer

spegnere éteindre

spendere dépenser

sperare espérer

spesa: fare delle spese faire des courses

spesso souvent

spezia *f* épice

spia *f* jauge

spiaggia *f* plage

spiccioli *mpl* monnaie

spiegare expliquer

spilla *f* broche

spilla di sicurezza *f* épingle de nourrice

spillo *m* épingle

spina *f* prise

spinaci *mpl* épinards

spingere pousser

sponda *f* rivage

sporco sale

sporco maschilista *m* phallocrate

sposato marié

spuntino *m* casse-croûte

squadra *f* équipe

squalo *m* requin

stagione *f* saison; **in alta stagione** en haute saison

stagno *m* étang

stagnola *f* papier d'aluminium

stamattina ce matin

stampe *fpl* imprimés

stampelle *fpl* béquilles

stanco fatigué

stanotte ce soir

stanza *f* chambre; pièce

stare rester; **sta/non sta bene** il va/ne va pas bien; **il blu ti sta bene** le bleu te va bien

Stati Uniti *mpl* Etats-Unis

stazione *f* gare

stazione di polizia *f* commissariat

stazione di servizio *f* station-service

steccato *m* barrière

stella *f* étoile

stendersi s'étendre

sterzo *m* direction *(de voiture)*

stesso même

stirare repasser

stitico constipé

stivale *m* botte

stivali di gomma *mpl* bottes de caoutchouc

stoffa *f* tissu

stomaco *m* estomac

storia *f* histoire

strada *f* route

straniero *m* étranger

straniero étranger

strano bizarre

stretto étroit

strillare crier

strofinaccio *m* torchon à vaisselle

strumento musicale *m* instrument de musique

studente *m*, **studentessa** *f* étudiant, étudiante

stufa *f* four; chauffage d'appoint

stufo: sono stufo (di) j'en ai marre (de)

stupefacente étonnant

stupido stupide

stupro *m* viol

su sur

sua son, sa; votre; le sien, la sienne; le/la vôtre *(voir grammaire)*

succedere arriver

succo *m* jus

sudare transpirer

sue ses; vos; les siens, les siennes; les vôtres *(voir grammaire)*

sugli, sui sur les *(voir grammaire)*

sul, sulla sur le/la *(voir grammaire)*

sulle sur les *(voir grammaire)*

sullo sur le/la *(voir grammaire)*

suo son, sa; votre; le sien, la sienne; le/la vôtre *(voir grammaire)*

suocera *f* belle-mère

suocero *m* beau-père

suoi ses; vos; les siens, les siennes; les vôtres *(voir grammaire)*

suola *f* semelle

supermercato *m* supermarché

supplemento *m* supplément

surgelato surgelé

sveglia *f* réveil

svegliare réveiller; **svegliarsi** se

réveiller
svenire s'évanouir
sviluppare développer
Svizzera f Suisse; **Svizzera francese** Suisse romande
svizzero suisse

T

tabaccaio m bureau de tabac
tabacco m tabac
tacchino m dinde
taccuino m cahier
tachimetro m compteur
taglia f taille
tagliare couper
tagliaunghie m coupe-ongles
taglio m coupure
taglio di capelli m coupe de cheveux
talco m talc
tallone m talon
tampone m tampon
tanto tant (de)
tappeto m tapis
tappo m bouchon
tardi tard
targa f plaque minéralogique
tasca f poche
tasso di cambio m cours du change
tavola a vela f planche à voile
tavolo m table
tazza f tasse
te toi (voir grammaire)
tè m thé
teatro m théâtre
tedesco allemand
teiera f théière

telefonare a téléphoner à
telefonata a carico del destinatario f appel en PCV
telefono m téléphone
telegramma m télégramme
televisione f télévision
temperamatite m taille-crayon
temperatura f température
temperino m canif
tempesta f tempête
tempo m temps
temporale m orage
tenda f rideau; tente
tenere tenir; garder
tergicristallo m essuie-glace
terminare terminer
termometro m thermomètre
terra f terre
terribile affreux
teschio m crâne
testa f tête
tetto m toit
thermos m thermos
ti te (voir grammaire)
tiepido tiède
timido timide
tirare tirer
tocca: tocca a me c'est ma tournée
toccare toucher
togliere enlever
toilette f toilettes
tonno m thon
tonsillite f angine
topo m souris
torcia elettrica f lampe de poche
tornare revenir; **tornare a casa** rentrer à la maison
toro m taureau
torre f tour

torta f gâteau; tarte
tosse f toux
tossire tousser
tovaglia f nappe
tovagliolo m serviette
tra parmi
tradizionale traditionnel
tradizione f tradition
tradurre traduire
traffico m circulation
traghetto m ferry-boat
tragitto m itinéraire
tramonto m coucher de soleil
tranquillo tranquille
tranne sauf
trapunta f duvet
trasmissione f transmission
trattoria f restaurant
travellers cheque m chèque de voyage
treno m train
triste triste
troppo trop
trovare trouver; **dove si trova?** où est ?
trucco m maquillage
tu tu *(voir grammaire)*
tua ton, ta; le tien, la tienne *(voir grammaire)*
tubo m tuyau
tubo di scappamento m pot d'échappement
tue tes; les tiens, les tiennes *(voir grammaire)*
tuffarsi plonger
tuo ton, ta; le tien, la tienne *(voir grammaire)*
tuoi tes; les tiens, les tiennes *(voir grammaire)*
tuono m tonnerre

turista m/f touriste
tuta da ginnastica f survêtement de sport
tuttavia cependant
tutto: tutto tout; **tutti** tous; **tutti e due** tous les deux; **in tutto** en tout

U

ubriaco ivre
uccello m oiseau
uccidere tuer
ufficio m bureau
ufficio oggetti smarriti m objets trouvés
ufficio postale m poste
uguale pareil
ultimo dernier
umido humide
umorismo m humour
un, una un, une *(voir grammaire)*
unghia f ongle
unguento m pommade
università f université
uno un, une *(voir grammaire)*
uomo m homme
uovo m œuf; **uovo sodo/alla coque** œuf dur/à la coque; **uova strapazzate** œufs brouillés
urgente urgent
usare utiliser
uscire sortir
uscita f sortie; porte
uscita di sicurezza f sortie de secours
utensili da cucina mpl ustensiles de cuisine
uva f raisin

V

vacanza f vacances
vacanze estive fpl grandes vacances
vaccino m vaccin
vagina f vagin
vagone letto m wagon-lit
vagone ristorante m wagon-restaurant
valido valable
valigia f valise
valle f vallée
valvola f valve
vanga f pelle
vaniglia f vanille
vaporetto m bateau à vapeur
varechina f eau de Javel
variabile variable
vasca da bagno f baignoire
vasellame m vaisselle
vaso m vase
vassoio m plateau
vattene! va-t'en !
vecchio vieux
vedere voir
vedova f veuve
vedovo m veuf
vegetariano végétarien
veicolo m véhicule
vela f voile
veleno m poison
veloce rapide
velocemente vite
velocità f vitesse
vendere vendre
vendita f vente
venerdì vendredi

venire venir
ventilatore m ventilateur
vento m vent
veramente vraiment
verde vert
verdura f légumes
vero vrai
vescica f vessie; ampoule
vespa f guêpe
vestaglia f robe de chambre
vestire habiller; **vestirsi** s'habiller
vestito m robe
vetro m verre
vi vous; là (voir grammaire)
via f rue; route
via: è andato via il est parti
viaggiare voyager
viaggio m voyage; **viaggio d'affari** voyage d'affaires; **buon viaggio!** bon voyage !
viale m boulevard
vicino a près de
vicino m, **vicina** f voisin, voisine
vietato défendu
vigili del fuoco mpl pompiers
vigna f vignoble
villa f villa
villaggio m village
vincere gagner
vino m vin; **vino rosso/bianco/rosé** vin rouge/blanc/rosé
viola violet
visita f visite
visitare visiter
vista f vue
visto m visa
vita f vie; taille
vite f vis
vitello m veau
vivere vivre

vivo vivant
voce f voix
voglia f: **ho voglia di** j'ai envie de
voi vous *(voir grammaire)*
volare voler *(avion)*
volere vouloir; **voglio** je veux;
vorrei j'aimerais; **vuole...?**
voulez-vous… ?
volo m vol *(avion)*
volta f fois; **qualche volta** parfois
volutamente exprès
vomitare vomir
vostro, vostra votre; le/la vôtre
(voir grammaire)
vostri, vostre vos; les vôtres *(voir
grammaire)*
vuoto vide

Y

yogurt m yaourt

Z

zaino m sac à dos
zanzara f moustique
zia f tante
zio m oncle
zitto! silence !
zona f région
zona pedonale f zone piétonne
zucchero m sucre
zuppa f potage

Le genre masculin et le genre féminin existent aussi en italien. Les *ARTICLES* placés devant des noms masculins, qui se terminent pour la plupart en **-o**, sont les suivants :

il, uno (le, un)	devant une consonne
lo (le)	devant un **s** + consonne, devant un **z**
l', un	devant une voyelle

il bambino	le garçon
un bambino	un garçon
lo specchio	le miroir
uno specchio	un miroir
lo zingaro	le gitan
uno zingaro	un gitan
l'occhio	l'œil
un occhio	un œil

Les articles placés devant des noms féminins, qui se terminent pour la plupart en **-a**, sont les suivants :

la, una (la, une)	devant une consonne
l', un'	devant une voyelle

la bambina	la fille
una bambina	une fille
l'albicocca	l'abricot
un'albicocca	un abricot

Le *PLURIEL* des noms se forme en remplaçant

-o par -i
-a par -e

et les changements pour les articles sont les suivants :

singulier	*pluriel*
il	**i**
lo, l'	**gli**
un, uno	**dei, degli**
la, l'	**le**
una, un'	**delle**

i bambini	les enfants
dei bambini	des enfants
gli specchi	les miroirs
degli specchi	des miroirs

le bambine	les filles	
delle bambine	des filles	

Cependant il y a des exceptions. Les plus courantes sont les suivantes :

les noms se terminant par **-e** peuvent être m ou f. Ils sont mis au pluriel en remplaçant **-e** par la terminaison **-i**.

luce	(la)	lumière	pl	**luci**	(le)
fiume	(il)	rivière	pl	**fiumi**	(i)
valle	(la)	vallée	pl	**valli**	(le)
pesce	(il)	poisson	pl	**pesci**	(i)

noms qui changent de genre au pluriel :

uovo	m	(l')	œuf	pl	**uova**	(le)
dito		(il)	doigt	pl	**dita**	(le)
labbro		(il)	lèvre	pl	**labbra**	(le)

pluriels irréguliers :

uomo	m	(l')	homme	pl	**uomini**	(gli)
ala	f	(l')	aile	pl	**ali**	(le)
mano		(la)	main	pl	**mani**	(le)

Certaines **_PREPOSITIONS_**, lorsqu'elles sont utilisées avec l'article défini, se contractent en un seul mot :

	il	lo	la	i	gli	le
a	al	allo	alla	ai	agli	alle
con	col	(collo)	(colla)	coi	(cogli)	(colle)
da	dal	dallo	dalla	dai	dagli	dalle
di	del	dello	della	dei	degli	delle
in	nel	nello	nella	nei	negli	nelle
su	sul	sullo	sulla	sui	sugli	sulle

andiamo allo stadio
allons au stade

sono venuto a piedi dalla stazione
je suis venu de la gare à pied

nei bicchieri
dans les verres

sull'orlo del marciapiede
au bord du trottoir

Les prépositions entre parenthèses sont moins courantes que les formes non-contractées **con lo**, **con la**, **con gli** et **con le**.

L'**ADJECTIF** se place après le nom qu'il qualife et s'accorde en genre et en nombre avec ce dernier :

la biancheria sporca	le linge sale
un uomo simpatico	un homme sympathique
dei libri noiosi	des livres ennuyeux

On obtient la **FORME COMPARATIVE** en ajoutant **più** (plus) ou **meno** (moins) devant l'adjectif; la **FORME SUPERLATIVE** s'obtient en ajoutant **il/la più** (le plus) ou **il/la meno** (le moins) :

le pesche sono più care delle pere
le pêches sont plus chères que les poires

il sole è meno caldo di ieri
le soleil est moins chaud qu'hier

questa chiesa è la più antica
c'est l'église la plus ancienne

questo ristorante è il meno caro della città
c'est le restaurant le moins cher de la ville

Il existe aussi une forme comparative et une forme superlative irrégulières pour les adjectifs courants suivants :

buono bon	**migliore** meilleur	**il migliore** le meilleur
cattivo mauvais	**peggiore** pire	**il peggiore** le pire
	il peggiore albergo della città	
	l'hôtel le pire de la ville	

Les **ADJECTIFS POSSESSIFS** sont les suivants :

	m sing	f sing	m pl	f pl
mon	il mio	la mia	i miei	le mie
ton	il tuo	la tua	i tuoi	le tue
votre; son	il suo	la sua	i suoi	le sue
notre	il nostro	la nostra	i nostri	le nostre
votre	il vostro	la vostra	i vostri	le vostre
leur	il loro	la loro	i loro	le loro

il mio scontrino   mon reçu
la mia borsetta   mon sac à main

Lorsqu'on fait référence aux membres de sa famille, on supprime l'article :

mio fratello   mon frère

Remarque : **suo** peut vouloir dire 'sa' ou 'son' ou encore 'votre' si l'on utilise le vouvoiement.

Les **PRONOMS POSSESSIFS**, comme les adjectifs, s'accordent en genre et en nombre avec le nom qu'ils remplacent. Ils sont les mêmes que les adjectifs possessifs.

prendi la tua macchina, non la nostra
prends ta voiture, pas la nôtre

Lorsque le pronom possessif est placé après le verbe 'être' on supprime l'article :

è mio   c'est le mien
è vostro   c'est le vôtre

L'**ADVERBE** s'obtient en ajoutant **-mente** à l'adjectif au féminin singulier :

lento   lent   **lentamente**   lentement

LES PRONOMS PERSONNELS

Sujet		*Objet direct*		*Objet indirect*	
io	je	**me/mi**	moi/me	**mi**	me
tu	tu	**te/ti**	toi/te	**ti**	te
lei	vous	**lei/la**	vous	**le**	vous
lui	il	**lui/lo**	lui/le	**gli**	lui
lei	elle	**lei/la**	elle/la	**le**	lui
noi	nous	**noi/ci**	nous	**ci**	nous
voi	vous	**voi/vi**	vous	**vi**	vous
loro	ils/elles	**loro/li**	eux; elles/les	**loro**	leur

En italien les pronoms sujets sont souvent supprimés :

siamo partiti ieri   nous sommes partis hier
verranno domani   ils/elles viendront demain

On utilise les pronoms sujets pour éviter toute confusion ou pour insister :

> **lui verrà alle tre, lei alle quattro**
> lui, il viendra à trois heures, elle à quatre heures

Lorsque le pronom personnel (**me/mi**, etc.) est placé après une préposition, il faut utiliser le premier pronom de la deuxième colonne ci-dessus :

> **questo è per me**   c'est pour moi
> **dopo di lei**   après vous/elle

Les pronoms sont généralement placés avant le verbe :

> **lo conosco**   je le connais
> **non ci ha veduto**   il ne nous a pas vus

Avec les verbes **PRONOMINAUX** comme **chiamarsi** ou **alzarsi** utilisez les pronoms suivants :

(avec je)	**mi**	(avec nous)	**ci**
(avec tu)	**ti**	(avec vous)	**vi**
(avec il/elle/vous)	**si**	(avec ils/elles)	**si**

> **mi chiamo...**   je m'appelle...
> **come si chiama?**   comment vous appelez-vous?
>   *ou* comment s'appelle-t-il/elle?
> **ci alziamo alle...**   nous nous levons à...

Le **TUTOIEMENT** et le **VOUVOIEMENT** existent aussi en italien. Ils sont utilisés de la même manière qu'en français. Le vouvoiement au singulier se conjugue à la troisième personne du singulier, le vouvoiement au pluriel se conjugue à la deuxième personnel du pluriel.

Il existe trois groupes de **VERBES**; les verbes en **-are, -ere, -ire** :

	comprare (acheter)	**credere** (croire)	**partire** (partir)
Présent			
io	compro	credo	parto
tu	compri	credi	parti
lui/lei	compra	crede	parte
noi	compriamo	crediamo	partiamo
voi	comprate	credete	partite
loro	comprano	credono	partono

Passé

io	ho comprato	ho creduto	sono partito
tu	hai comprato	hai creduto	sei partito
lui/lei	ha comprato	ha creduto	è partito/a
noi	abbiamo comprato	abbiamo creduto	siamo partiti
voi	avete comprato	avete creduto	siete partiti
loro	hanno comprato	hanno creduto	sono partiti

ho comprato un gelato
j'ai acheté une glace

sono partiti/e ieri
ils/elles sont parti(e)s hier

Futur

io	comprerò	crederò	partirò
tu	comprerai	crederai	partirai
lui/lei	comprerà	crederà	partirà
noi	compreremo	crederemo	partiremo
voi	comprerete	crederete	partirete
loro	compreranno	crederanno	partiranno

Deux verbes irréguliers importants :

	essere (être)		avere (avoir)	

Présent

io	sono	je suis	ho	j'ai
tu	sei	tu es	hai	tu as
lui/lei	è	il/elle est; vous êtes	ha	il/elle a; vous avez
noi	siamo	nous sommes	abbiamo	nous avons
voi	siete	vous êtes	avete	vous avez
loro	sono	ils/elles sont	hanno	ils/elles ont

Passé (j'étais, j'ai été/j'avais/j'ai eu)

io	sono stato	ho avuto
tu	sei stato	hai avuto
lui/lei	è stato/a	ha avuto
noi	siamo stati	abbiamo avuto
voi	siete stati	avete avuto
loro	sono stati	hanno avuto

D'autres verbes utiles :

	fare (faire)	bere (boire)	dire (dire)
Présent			
io	faccio	bevo	dico
tu	fai	bevi	dici
lui/lei	fa	beve	dice
noi	facciamo	beviamo	diciamo
voi	fate	bevete	dite
loro	fanno	bevono	dicono
Passé			
io	ho fatto	ho bevuto	ho detto
tu	hai fatto	hai bevuto	hai detto
lui/lei	ha fatto	ha bevuto	ha detto
noi	abbiamo fatto	abbiamo bevuto	abbiamo detto
voi	avete fatto	avete bevuto	avete detto
loro	hanno fatto	hanno bevuto	hanno detto

	andare (aller)	venire (venir)
Présent		
io	vado	vengo
tu	vai	vieni
lui/lei	va	viene
noi	andiamo	veniamo
voi	andate	venite
loro	vanno	vengono
Passé		
io	sono andato	sono venuto
tu	sei andato	sei venuto
lui/lei	è andato/a	è venuto/a
noi	siamo andati	siamo venuti
voi	siete andati	siete venuti
loro	sono andati	sono venuti

D'autres verbes sont irréguliers au passé, comme par exemple :

aprire	ouvrir	**aperto**	ouvert
chiudere	fermer	**chiuso**	fermé
mettere	mettre	**messo**	mis
morire	mourir	**morto**	mort
nascere	naître	**nato**	né
potere	pouvoir	**potuto**	pu
prendere	prendre	**preso**	pris
scendere	descendre	**sceso**	descendu
scrivere	écrire	**scritto**	écrit
vedere	voir	**visto**	vu